oliothèque de « l'EMANCIPATION »

HISTOIRE

des

ÉQUITABLES PIONNIERS

DE ROCHDALE

DE GEORGE-JACOB HOLYOAKE

Resumé extrait et traduit de l'Anglais

Par Mme veuve GODIN, née Marie MORET

DEUXIÈME ÉDITION

GUISE

BUREAU DU JOURNAL « *LE DEVOIR* »

au Familistère

—

1890

Dans un but de propagande l'*Administration de l'Emancipation* offre à titre de prime à ses abonnés et aux coopérateurs :

1° **Les deux premières années de « l'E-mancipation »** reliées ensemble, formant un volume des plus intéressants et qui sera bientôt introuvable, à.......................... 5 "

2° **La troisième année (1888-89) de « l'Emancipation»**, reliée................ 3.50

3° **L'histoire la Coopération** à Nimes et son influence sur le mouvement coopératif, par *M. de Boyve*, au prix exceptionnel de.. 0.75

4° **L'avenir de la coopération**, conférence faite à Paris, par M. *Ch. Gide*...... 0.20

5° **Le discours d'ouverture** au Congrès international des sociétés coopératives de 1889, par M. *Ch. Gide*.................. 0.30

6° **Le monument de la coopération bri-tannique** sur l'Esplanade des Invalides avec vue, plan, notice et statistique sur les princi-pales sociétés coopératives anglaises....... 0.3

7° Conférence sur **la participation des ouvriers aux bénéfices**, par M. *Ch. Robert*, vendue au profit des concours d'apprentis de Nimes .... 0.

RECOMMANDÉS AUX COOPÉRATEURS :

8° **L'histoire des Equitables Pionniers de Rochdale**, de *Holyoake*, traduit de l'an-glais par M Veuve Godin née Marie Moret 0.7$

9° **La femme esclave**, conférence par M. *T. Fallot*, secrétaire général de la *Ligue française pour le relèvement de la moralité publique*.................................. 0.6

Tous nos envois sont expédiés franco. Les de mandes doivent être adressées au plus tôt à M. *Th. Tholozan*, administrateur, 8, *Grand'Rue*, Nimes.

HISTOIRE

des

ÉQUITABLES PIONNIERS DE ROCHDALE

TABLE DES MATIÈRES

—ᖇᕑᖇᕑ—

HISTOIRE

des

ÉQUITABLES PIONNIERS

DE ROCHDALE

DE GEORGE-JACOB HOLYOAKE

Resumé extrait et traduit de l'Anglais

Par Mme veuve GODIN, née Marie MORET

DEUXIÈME ÉDITION

BIBLIOTHÈQUE DE L'*ÉMANCIPATION*
Librairie du Familistère
—
1890

HISTOIRE

des

ÉQUITABLES PIONNIERS

DE ROCHDALE

De George-Jacob HOLYOAKE

(·) *Résumé extrait et traduit de l'Anglais*

par Madame Veuve GODIN, née Marie MORET

CHAPITRE PREMIER

Origine et but de la Société

Vers la fin de l'année 1843, il y avait grande prospérité dans le commerce de la flanelle, qui donnait
une grande activité aux manufactures les plus
importantes de Rochdale comité de Lancastre
· Angleterre).

Dans cette heureuse conjoncture, les tisserands,
qui étaient et sont encore une classe mal rétribuée
de travailleurs, se mirent en tête d'obtenir une
hausse de salaires. Il était évident que si jamais les
patrons pouvaient l'accorder, c'était à ce moment-là.

Chaque manufacturier à qui fut posée l'importante
demande se déclara prêt à y donner satisfaction,
pourvu que les autres chefs d'industrie fissent de
même.

(·) Reproduction interdite.

Mais comment obtenir le consentement des autres patrons et garantir à chacun d'eux en particulier l'acquiescement général.

La chose, simple en théorie, était difficile en pratique. Les maitres ne sont pas toujours courtois et les ouvriers sont peu tacticiens.

Les tisserands ne négocient pas par écrit avec leurs supérieurs ; une entrevue est presque toujours l'expédient de guerre usité : entrevue que les salariés imposent et que le patron subit.

Généralement les manufacturiers ne voient point de bon œil ces sortes de députations, car de même qu'une faillite peut jeter subitement les ouvriers dans la détresse, de même une hausse de salaires peut, à certains moments, ruiner un patron de la façon la plus expéditive.

Cependant, afin de mettre la chose dans une voie pratique, une ou deux maisons, avec une générosité que les Pionniers se rappellent avec gratitude, accordèrent à leurs ouvriers une hausse de salaires, mais à la condition expresse que cette hausse serait sans effet, si la généralité des patrons n'y acquiesçait pas.

Après bien des peines et des difficultés, la hausse ne fut pas maintenue.

Alors les pauvres tisserands de Rochdale se remémorèrent les idées de Robert Owen. Les avocats du socialisme, quelques fautes qu'ils aient pu commettre, ont du moins rendu ce service d'avoir appris aux ouvriers à raisonner sur leur condition ; de leur avoir fait comprendre que les maîtres, autant que les salariés, sont esclaves de l'organisation commerciale et industrielle ; et que si les ouvriers d'aujourd'hui étaient demain des patrons, ils agiraient exactement comme les chefs d'industrie dont ils se plaignent. Ce sont donc les circonstances ambiantes qu'il faut modifier.

Les tisserands de Rochdale n'ayant point obtenu ce qu'ils voulaient, ce qui leur semblait juste, résolurent d'atteindre à leur but par un autre moyen.

Par une de ces journées humides, sombres, tristes, désagréables, comme novembre en amène, alors que les jours sont courts et que le soleil semble pris de désespoir ou de dégoût et ne plus vouloir briller, quelques-uns d'eux sans emploi, presque sans pain et complètement isolés dans l'état social, se réunirent afin d'étudier ce qu'il était possible de faire pour améliorer leur condition.

Les manufacturiers ont le capital, les commerçants ont les approvisionnements. Privés de ces deux sortes de ressources que pouvaient faire des ouvriers dénués de tout ?

Iraient-ils réclamer le bénéfice de la loi des pauvres ? C'était perdre leur indépendance.

Emigreraient-ils ? L'émigration leur apparaissait comme une condamnation à l'exil pour crime de pauvreté.

Que pouvaient-ils donc faire ?

Après bien des réflexions, ils résolurent de commencer le combat de la vie à leurs propres dépens. Se considérant comme des commerçants, des industriels et des capitalistes, à qui faisaient défaut et l'expérience, et les connaissances, et l'argent, ils s'engagèrent à se créer des moyens d'action par l'aide mutuel et à se procurer ainsi tout ce qui leur manquait.

Une liste de souscription passa de main en main. « The Stock Exchange », (la Bourse) n'aurait pas eu grande confiance dans le résultat. Douze de ces capitalistes liliputiens s'engageaient à verser une cotisation de deux pences (quatre sous) par semaine, somme que ces Rothschilds en herbe ne savaient comment se procurer.

Après vingt-deux appels aux actionnaires, la Société n'avait point encore assez de fonds en caisse pour acheter un sac de farine ; et pourtant à l'heure actuelle, la Société fondée par ces pauvres hommes compte 10.613 membres; elle a un capital de 7.314.250 francs ; elle a ses magasins d'approvisionnements et ses fabriques ; elle a fait dans l'année 1880 un chiffre d'affaires de 7.091.375 fr., et réalisé un bénéfice de 1.213.625 francs.

Mais à l'époque dont nous parlons, les sociétaires se voyaient si peu nombreux, ils reconnaissaient qu'il leur faudrait un temps si considérable pour être en mesure de réaliser leur projet, que le comité

se sent it pris de désespoir. D'autre part, les ressources quelques minimes qu'elles soient étant précieu-
ses à qui n'a rien, certains membres proposèrent de
répartir entre les souscripteurs le petit pécule
amassé.

Dans ces tristes circonstances, une discussion fut
ouverte un samedi après-midi. Les membres du
comité exposèrent leur anxiété, et cette question fut
formellement posée :

« *Quels sont les plus efficaces moyens d'améliorer*
« *la condition du peuple ?* »

Il serait trop long de rapporter l'inextricable discussion qui suivit.

Chaque orateur, comme dans les plus illustres
assemblées, avait son spécifique infaillible pour la
régénération du genre humain.

Les *Teetotallers* arguaient que la meilleure chose
à faire était de s'abstenir absolument des boissons
alcooliques, et d'appliquer au bien de la famille les
épargnes ainsi réalisées.

La proposition avait du bon, mais elle semblait
impliquer ceci : toute chose est correcte dans le
monde industriel, l'ouvrier n'a qu'à être sobre pour
être riche, le travail est suffisamment et convenablement rétribué, et les patrons n'ont point à se
préoccuper davantage des intérêts de leurs salariés.

Tous ces points malheureusement étaient démen-
tis par les faits, le projet des *Teetotallers* fut donc
rejeté.

Alors les *Chartistes* plaidèrent pour qu'on s'occupât du mouvement politique jusqu'à ce qu'on eût obtenu la charte du peuple, seule voie de salut suivant eux. Le suffrage universel une fois obtenu, le peuple ferait lui-même les lois et écarterait à volonté tout ce qui lui portait préjudice.

C'était là un projet un peu surfait. Il impliquait que tout autre effort devait être suspendu, et que la félicité publique pouvait être votée à discrétion. Mais le progrès social n'est point une invention de la Chambre des Communes et une charte du Parlement ne peut décréter l'abolition des maux dans les sociétés ni le bonheur du genre humain.

L'agitation pour le suffrage universel était vue avec grande faveur par le comité ; peut-être même eût-elle été adoptée, si quelques socialistes présents n'eussent fait ressortir que le jour de la rédemption était bien éloigné encore, s'il fallait attendre la Charte du peuple. Eux, en conséquence, proposaient que les tisserands s'unissent dans une action commune et usassent des moyens dont ils pouvaient disposer pour améliorer leur sort, sans cesser pour cela d'être à la fois *Chartistes* et *Teetotallers*.

Ce dernier avis prévalut.

James Daly, Charles Howarth, James Smithies, John Hill, and John Bent, semblent avoir été les principaux avocats de la coopération dans cette discussion.

Des réunions eurent lieu ensuite et des plans furent arrêtés pour l'ouverture d'un magasin coopératif d'approvisionnements.

Nos tisserands alors au nombre de 28, chiffre qui est devenu célèbre quand on parle des fondateurs de la Société de Rochdale, arrêtèrent les bases de la Société. Un des premiers points fut que l'on conduirait les affaires d'après ce qu'ils dénommaient :

« *Le principe de l'argent comptant.*»

Peut-être dira-t-on que l'accumulation des quatre sous par semaine ne les mettait pas en état de faire beaucoup de crédit ; néanmoins ce furent surtout des considérations morales qui les portèrent à cette décision.

C'était un point de leur éducation socialiste de regarder le crédit comme un mal social, comme un des mauvais fruits de la compétition des intérêts. Ils jugeaient que l'abolition du crédit aurait pour conséquence de rendre les transactions commerciales plus simples et plus honnêtes.

En conséquence, ils se déclarèrent unanimement en faveur de la vente contre argent comptant, et jamais ils ne se sont départis de cette ligne de conduite.

Ils empruntèrent à une institution communiste de Manchester : la *Société de secours pour la maladie et la sépulture,* » les dispositions règlementaires qui pouvaient cadrer avec leur projet, et y firent les modifications et adjonctions voulues.

Loin de chercher à éviter la responsabilité les *communistes* — *teetotallers* — *politiques* — *coopérateurs*, se donnèrent de prime abord une situation légale. Leur société fut enregistrée le 24 octobre 1844, sous ce titre :

« *Société des Equitables Pionniers de Rochdale.* »
(Acts of Parlement 10 th. Geo IV, c. 56, and 4 th. and 5 th. William IV, c. 40).

Quelque merveilleux que soit leur succès actuel, le rêve qui les animait au début était plus extraordinaire encore. En fait, ils aspiraient à transformer le monde.

Les vues des Pionniers sont exposées dans les propositions qui suivent. A ces vues les sociétaires acquiescèrent d'emblée, et cet acquiescement fut réitéré en 1854. (*Voir almanach de la Société*).

« La Société a pour but et pour objet de réaliser
« un bénéfice pécuniaire et d'améliorer les con-
« ditions domestiques et sociales de ses membres, au
« moyen de l'épargne d'un capital divisé en actions
« d'une livre (25 francs), afin de mettre en pratique
« les plans suivants :

« Ouvrir un magasin pour la vente des approvi-
« sionnements, vêtements, etc.

« Acheter ou édifier un nombre de maisons desti-
« nées aux membres qui désirent s'aider mutuelle-
« ment pour améliorer leur condition domestique
« et sociale.

« Commencer la manufacture de tels produits que
« la Société jugera convenables pour l'emploi des
« membres qui se trouveraient sans ouvrage, ou de
« ceux qui auraient à souffrir de réductions répétées
« sur leurs salaires.

« Afin de donner aux membres plus de sécurité et
« de bien-être, la Société achètera ou prendra à loyer
« une terre qui sera cultivée par les membres sans
« ouvrage, ou ceux dont le travail serait mal rému-
« néré. »

Puis venait un projet que nulle nation n'a cher-
ché depuis à atteindre et que nul enthousiaste n'a
réalisé :

« Aussitôt que faire se pourra, la Société procé-
« dera à l'organisation des forces de la production,
« de la distribution, de l'éducation et de son propre
« gouvernement ; ou, en d'autres termes, elle éta-
« blira une colonie indigène se soutenant par elle-
« même et dans laquelle les intérêts seront unis.
« La Société viendra en aide aux autres sociétés
« coopératives pour établir des colonies semblables.»

Suivait toute une constitution en vue de réorga-
niser les forces de la production et de la distribution.
Il a fallu des années de patient travail pour ne réaliser ce plan qu'à demi.

Venait ensuite une proposition de minime importance, mais caractéristique :

« En vue de développer la sobriété, une salle de
« tempérance sera ouverte, aussitôt que possible,
« dans l'une des maisons de la Société. »

Si ces grands projets avaient quelque chance
d'être réalisés plus vite que l'abstinence universelle
ou la charte du peuple, il était clair qu'il fallait commencer par lever activement la souscription hebdomadaire des quatre sous.

Dans tous les mouvements entrepris par les classes
ouvrières, la difficulté est de rassembler les moyens
d'action. A cette époque les membres de la Société
des Equitables Pionniers s'étaient élevés de 28 à 40 ;
mais ils se trouvaient répartis dans divers quartiers
de la ville et surtout dans les faubourgs.

Le collecteur des quarante souscriptions avait à
parcourir au moins vingt milles ; seul, un homme
ayant le dévouement d'un missionnaire pouvait entreprendre une telle tâche. Pour peu que son temps
ait quelque valeur, il en coûterait moins au collecteur dans ces conditions de souscrire lui-même tout
l'argent à recueillir que d'en faire le recouvrement.

Néanmoins, puisque nulle autre voie n'était ouverte et quelque fatigante que fût la tâche, des membres l'entreprirent et, à leur honneur, la menèrent
à bien.

La ville fut divisée en trois districts, et trois col-
lecteurs furent désignés pour visiter chaque dimanche les sociétaires à leur logis.

Afin d'accélérer le mouvement, une innovation qui fit grand bruit à l'époque fut introduite. La cotisation de 4 sous par semaine fut élevée à 6. Evidemment les coopérateurs devenaient ambitieux.

A la fin, l'épargne s'éleva à la formidable somme de 700 francs et, avec ce capital, le nouveau monde fut inauguré.

CHAPITRE II

Ouverture du Magasin coopératif

En 1844, *Toad lane* (la ruelle des crapauds), à Rochdale, n'était pas une rue tentante. Son nom ne lui faisait point tort. Le rez-de-chaussée d'une boutique dans *Toad lane* fut la place choisie pour l'ouverture des opérations.

Les magasins du comté de Lancastre n'avaient pas alors l'importance considérable qu'ils ont acquise depuis. Le rez-de-chaussée dont nous parlons fut obtenu à raison de 250 francs par an ; le bail fut de trois ans.

Un des membres, M. William Cooper, fut nommé caissier ; ses devoirs étaient légers à l'origine.

Un autre sociétaire, Samuel Ashworth, fut élevé à la dignité de vendeur. Ses marchandises consistaient en d'infinitésimales quantités de beurre, de sucre, de farine de froment et de farine d'avoine.

Par une désespérante soirée d'hiver, la plus longue de l'année, celle du 21 décembre 1844, les

Equitables Pionniers inaugurèrent leurs opérations.

Ceux qui, du sein de l'opulence actuelle, se sou-
viennent de ce commencement, sourient de ce début
extraordinaire.

Le bruit avait couru parmi les commerçants de
la ville que des compétiteurs se dressaient devant
eux, et plus d'un œil curieux se tournait vers *Toad
lane*, pour voir apparaître l'ennemi; mais comme
certains batailleurs jouissant de plus de renom his-
torique, les nouveaux ennemis semblaient honteux
d'apparaître.

Quelques-uns des coopérateurs s'étaient clandes-
tinement assemblés pour assister à l'ouverture des
affaires, et ils se tenaient là, dans l'arrière-chambre
triste et basse du magasin. comme des conspira-
teurs dans les caves du Parlement, se demandant qui
aurait la témérité d'enlever les volets et de distribuer
les humbles préparations.

L'un préférait n'être pas chargé d'ouvrir la boutique, l'autre ne voulait pas être vu dans le magasin
quand les volets seraient enlevés. Cependant on
avait été trop loin pour reculer. A la fin, l'un d'eux,
hardi camarade, sans souci du « qu'en dira-t-on, »
courut aux volets et mit en quelques secondes *Toad
lane* en rumeurs.

Le comté de Lancastre a ses gamins aussi bien
que Paris. En fait, toutes les villes ont de ces êtres
caractéristiques qui montrent une remarquable pré-

cocité à saisir en toutes choses un côté ridicule.

Les *doffers* sont les gamins de Rochdale. (« *Dof-fer,* » *veut dire ceux qui ôtent, parce que dans les filatures quand les bobines sont pleines, ce sont les doffers qui les ôtent des broches.*) — Les doffers ont de 10 à 15 ans. Comme la vapeur dans la machine, ils sont les accessoires indispensables des filatures. Quand les doffers sont absents, les ouvriers ne peuvent pas travailler. Aussi le besoin d'un jour de loisir est-il trop vivement senti, les doffers en sont avertis par les ouvriers, au moyen de libres signes maçonniques. Les jeunes polissons se sauvent alors tous ensemble et, naturellement, le travail est suspendu, jusqu'à ce que les doffers soient revenus à leur devoir.

La nuit donc où fut ouvert le magasin coopératif, les doffers vinrent en nombre dans *Toad lane*, se tenant aux aguets avec une ridicule impertinence, à différentes places de la ruelle, se communiquant à tue-tête leurs impressions, ou se rassemblant devant la porte même du magasin nouveau, en devisant avec une tenace insolence sur l'approvisionnement exigü du beurre et de la farine. A la fin ils s'exclamèrent tous en chœur : « *Oh ! la boutique des vieux tisserands est ouverte !* »

Depuis cette époque deux générations de doffers ont acheté le beurre et le miel à la « *boutique des vieux tisserands,* » et aussi des mets abondants et hygiéniques, et de chaudes jaquettes qui jamais n'eussent été leur lot, sans la prévoyante témérité des tisserands coopérateurs.

Très vite, nos embryons de commerçants découvrirent qu'ils avaient à lutter contre de plus sérieux obstacles que la dérision des doffers.

L'exiguité de leur capital les obligeait à faire leurs achats en petite quantité, au désavantage, tout à la fois, du prix et de la qualité de la marchandise. Outre cela, quelques-uns des coopérateurs mêmes, étaient en dettes envers leurs propres fournisseurs, et ne pouvaient ou n'osaient, en conséquence, s'approvisionner au magasin coopératif.

Enfin, comme il arrive toujours dans ces mouvements, un certain nombre de membres n'avaient pas la sagesse de comprendre leur propre intérêt, ou ne s'arrêtaient pas à cette considération, s'il devait leur en coûter la plus petite peine ou le moindre sacrifice temporaire.

Naturellement, la qualité des produits vendus au magasin coopératif était parfois inférieure à celle des produits offerts par d'autres magasins, ou bien les prix étaient un peu plus élevés. Ces considérations momentanées et insignifiantes en face du but poursuivi, écartaient néanmoins les acheteurs qui ne comprenaient qu'un bénéfice direct.

La pauvreté est souvent une plus grande entrave aux succès des entreprises sociales que les préjugés eux-mêmes. Avec le pauvre il faut que chaque sou ait son utile emploi et rapporte tout ce qu'il peut

donner. Inutile de démontrer à la plupart des né-
cessiteux qu'en achetant au magasin coopératif, ils
ont à espérer un dividende à la fin du trimestre. Ils
ne croient pas en la fin du trimestre et se méfient des
promesses de bénéfices. La perte d'un sou aujour-
d'hui est proche, le gain de six sous dans trois mois
est éloigné. Vous avez donc à faire l'éducation des
gens très pauvres avant de les servir. Plus vos pré-
tentions sont humbles, plus vos difficultés sont
grandes.

La bonne qualité, le bon poids, la mesure loyale,
les rapports sincères et équitables dans le commerce
sont des sources de satisfaction qu'un esprit droit
préférera de beaucoup à une économie de quelques
centimes réalisée au détriment des biens sus-énon-
cés. Nous réclamons haut contre le vice quant il est
devenu puissant, mais nous faisons peu pour l'empêcher de croître. La première condition pour qu'il
n'y ait que des vendeurs moraux, c'est qu'il n'y ait
que de moraux acheteurs.

Notre petit magasin coopératif se préoccupait
davantage d'améliorer le côté moral du commerce
que de faire de gros bénéfices. Sous ce rapport, la
coopération a élevé très haut la moralité de ses
adeptes.

La plupart des premiers membres du magasin de
Rochdale étaient sincèrement coopérateurs ; ils achetaient leurs produits au magasin qu'il faille aller
loin ou près, que les prix fussent plus hauts ou plus

bas qu'ailleurs, que la qualité fût bonne ou mauvaise. Ces hommes étaient convaincus et leurs femmes, non moins enthousiastes, marchaient avec eux de concert. Elles étaient fières de payer comptant leurs marchandises ; elles sentaient que le magasin était le leur et y portaient un vif intérêt.

Or, c'est là un grand point de gagné. Car si la femme n'est ralliée de cœur à un tel mouvement, le succès ne peut être que très limité.

Au contraire, si la ménagère consent à se donner un peu de peine ; à acheter de temps en temps, au prix d'un léger sacrifice, quelque article qui ne lui plaît pas entièrement ; à aller faire ses achats un peu plus loin qu'il ne serait convenable ; à payer même quelquefois un peu plus cher qu'à la boutique ordinaire, la prospérité du magasin coopératif est assurée.

Les membres fidèles à leurs devoirs étaient naturellement impatients de voir les autres agir comme eux. Non contents de désirer cette action, ils eussent voulu obliger tous les coopérateurs à ne commercer strictement qu'avec le magasin commun.

James Daly, le secrétaire, présenta une résolution tendant à ce que les membres qui faisaient leurs achats en dehors du magasin coopératif, fussent remboursés.

Charles Howarth s'opposa à cette résolution sous l'excellent motif qu'elle portait atteinte à la liberté

individuelle. Il désirait, dit-il, le progrès de la coopération et était prêt à tout faire pour aider à son développement ; mais la liberté était un principe auquel il
était absolument attaché, et plutôt que d'abandonner
la liberté il se priverait des avantages de la coopération même.

On verra dans le développement de cette histoire
que cet amour des principes n'a jamais fait défaut,
ni même diminué chez ces résolus coopérateurs.

La motion de James Daly fut écartée.

En mars 1845, il fut décidé que pour le trimestre
suivant la Société prendrait, au nom de Charles
Howarth, une patente pour la vente du thé et du
tabac.

Ceci comportait évidemment un nouvel appel de
fonds, car malgré l'augmentation du nombre des
membres, le capital n'était pas encore assez élevé
pour permettre la mise en pratique de la nouvelle
résolution.

Dans une assemblée publique, la Société fit part de
ses intentions. Alors pour la seconde fois dans l'histoire de Rochdale, nous entendons parler d'individus
possédant plus de quatre sous.

Un membre *promit de trouver* une demi-couronne
(2 fr. 80 c.) « *Promit de trouver* » est le terme employé
à cette occasion.

Un autre membre *promit de trouver*, cinq schillings (6 fr. 25 c.), et un troisième *promit de trouver*
une livre (25 fr.) Cette dernière annonce fut reçue

avec une véritable stupéfaction, et son riche et téméraire auteur fut considéré avec la double vénération qui s'attache au millionnaire et au martyr.

D'autres membres *promirent de trouver* des sommes variables en proportion de leurs moyens. Enfin, au jour dit, le magasin coopératif offrit aux maris la consolation du tabac et aux femmes celle du thé.

CHAPITRE III

Répartition des dividendes au prorata des achats

A la fin de 1845, le magasin des Equitables Pionniers de Rochdale comptait plus de 80 membres et possédait un capital de 4,540 fr. 30 c.

L'établissement était désigné par ce mot le « *Store*, » c'est-à-dire magasin d'approvisionnement, par opposition au terme « *Shop* » appliqué à la boutique ordinaire.

Le capital du « Store » recevait un intérêt qui se monta à 2 1/2, puis à 4 et enfin à 5 0/0. Une fois l'intérêt payé et la part faite aux petites dépenses de direction, on partageait les profits restants entre les acheteurs, au prorata du montant de leurs achats.

Nous attirons tout spécialement l'attention de nos lecteurs sur ce mode de répartition des dividendes.

C'est Rochdale qui eut le mérite de démontrer la valeur du principe de répartir les dividendes au prorata des achats et non au prorata des actions.

M. Alexander Campbell, de Glasgow, fit le premier la découverte de ce principe. Il l'exprima d'abord en 1822, et l'introduisit en 1829 dans les statuts de la société de Cambuslang. Ce principe figurait, en outre, dans les règles de la société des moulins de Meltham, en 1827. Cependant il n'eût pas été mis en pratique à Rochdale sans M. Howarth. Celui-ci en refit la découverte et fut certainement le premier à en apprécier l'importance et à pousser à son adoption.

Les doubles découvertes sont très fréquentes en littérature, dans les arts mécaniques et dans le commerce. Les poètes et les auteurs sont souvent frappés d'idées qui déjà, à leur insu, ont été exprimées par leurs devanciers. Bell, en Ecosse, et Fulton en Amérique, inventèrent tous deux et en même temps le bâteau à vapeur. Nul doute qu'il en fut de même pour M. Howarth, quand il inaugura le principe déjà trouvé par M. Campbell.

L'Ecosse n'avait su tirer aucun parti de ce principe. En réalité, les Ecossais ignoraient même qu'il eût formé chez eux, quand le grand succès des Pionniers de Rochdale vint lui donner la valeur d'une importante découverte.

Le principe de partager les profits avec le consommateur, cet être sans qui nul bénéfice ne serait fait, constitue en quelque sorte un lien entre le client et le magasin : l'acheteur devient ainsi intéressé au succès de l'entreprise. En outre, ce principe rentrait

dans les vues des coopérateurs, puisque ceux-ci s'é-
taient assigné comme but de répartir les bénéfices
entre tous ceux qui contribuent à les produire, au
lieu de tout donner au capital comme cela se fait
généralement.

Charles Howarth fit ressortir ces idées qui mili-
taient en faveur du système proposé par lui ; car
deux plans s'offraient alors aux coopérateurs.

Le premier consistait en ceci :

Payer aux actionnaires 5 o[o d'intérêt et vendre les
denrées aux membres sans autre profit, ce qui eût
mis les marchandises presque au prix coûtant pour
chaque acheteur et donné ainsi au consommateur,
sous une autre forme, le même avantage qu'aujour-
d'hui à acheter au « Store ».

L'autre plan était de vendre les denrées aux prix
en cours partout, et d'épargner au bénéfice de l'acheteur les dividendes qui en résulteraient.

Ce dernier plan permettrait d'accumuler le plus
possible de capitaux, considération de première importance pour des gens qui avaient en vue de réfor-
mer le monde, chose qui ne peut s'accomplir sans de
grandes ressources.

Le plan proposé par M. Charles Howarth fut donc
adopté, malgré qu'il s'offrît alors comme une utopie,
et qu'il ne fût vraisemblablement pas aussi populaire
que le premier. Car les individus aiment à acheter à
bon marché, à jouir de suite et tout d'un coup d'une
diminution de prix.

Dans une de ses conférences sur le capital et le travail, M. Holmes, de Leeds, relate une histoire instructive et souvent répétée.

Durant une des famines irlandaises, M'. Forster (père du membre actuel de ce nom au Parlement) se rendit à Bradford, en qualité d'agent de la Société des Amis, dans le but de porter au peuple des secours spéciaux.

Il trouva les gens réduits à une telle famine qu'ils mâchaient des herbes marines. M. Forster leur demanda s'il n'y avait plus de poissons dans la mer ?

« Si, » répliquèrent-ils, « mais nous ne pouvons nous en emparer, n'ayant ni bâteaux, ni filets. »

M. Forster leur procura filets et bâteaux.

Sur quoi ces gens s'écrièrent avec anxiété : « Qui nous paiera notre journée ? »

« Le poisson lui-même, » répondit M. Forster.

Les malheureux refusèrent alors d'aller à la pêche à des conditions aussi problématiques, et ne se mirent à l'œuvre qu'après que M. Forster leur eût garanti le paiement de leurs salaires.

Les opérations devinrent prospères, et M. Forster reconnut bientôt que les profits avaient non seulement payé les bâteaux et les filets, mais encore laissé en reste une jolie somme. Il offrit donc aux pêcheurs de leur laisser gratuitement les instruments de pêche; mais ceux-ci ne voulurent pas s'en charger, rien ne valant à leurs yeux *la paie de leurs salaires.*

En tel pays que ce soit, les ignorants n'ont confiance en rien. Ils ne connaissent que l'argent comptant. L'esprit est parfois myope comme l'œil. Il lui faut alors une sorte de télescope pour augmenter la portée de sa vue. L'expérience a prouvé que la coopération était justement cet instrument nécessaire à des milliers d'individus.

M. William Chambers, dans son discours sur la coopération, exprime cette vérité : « Sans le principe « de l'accumulation des profits, la coopération n'est « qu'une chose très insignifiante. »

Les 24 années d'existence de la coopération qui précédèrent l'inauguration du magasin de Rochdale, furent les jours insignifiants de la coopération.

CHAPITRE IV

Premiers progrès du magasin

Le nombre des membres augmenta rapidement.

A partir du 5 mars 1845, le « Store » fut ouvert cinq fois par semaine et pour un nombre d'heures qui alla croissant.

Le 2 février 1846, on résolut d'ouvrir le magasin le samedi après-midi, afin d'y tenir réunion des membres. Evidemment les affaires devenaient intéressantes, et exigeaient plus d'attention que les tisserands n'étaient capables d'en donner dans les réunions qui avaient lieu après la journée de travail.

Au mois d'octobre de la même année, on ouvrit un comptoir de boucherie.

Durant les trois années 1846, 1847, 1848, les affaires furent difficiles ; il y avait apathie et dé-tresse publiques. En dépit de ces circonstances, le magasin fit des progrès. Rien ne peut mieux dé-montrer la solidité des avantages créés par la Société.

Dès que la vie fut difficile, que le commerce alla mal, que la subsistance fut chère, les membres afflu-rent au magasin. Malgré la gêne, il devenait évident pour tous que la somme de 1 fr. 25 centimes payés en entrant dans la société coopérative, et le verse-ment hebdomadaire de 30 centimes, rapportaient de tels avantages que le plus sage était de se faire rece-voir coopérateur. Les habitudes de prévoyance se développaient ainsi.

A la fin de 1847, cent dix membres é aient inscrits au livre de la Société. Le capital s'élevait à 7,169 fr. 40 centimes, et les ventes de chaque semaine, durant le dernier trimestre de décembre, étaient de 900 francs.

La coopération franchissait lentement, laborieu-sement, mais d'une façon sûre, les difficultés qui se trouvaient sur sa route.

L'année 1848 amena plusieurs cas de détresse, mais aussi une nouvelle accession de membres et l'augmentation du capital.

La Société ne percevait plus les contributions à domicile. Les membres se rassemblaient au moins une fois la semaine au magasin, et le caissier faisait la collecte. Ni les révolutions du dehors, ni les passions à l'intérieur, ni la détresse n'empêchèrent le progrès de cette sage et pacifique expérience.

La chambre basse du vieil entrepôt était maintenant trop petite pour les affaires. Le bâtiment tout entier, comprenant trois étages et une mansarde fut loué par les coopérateurs, avec bail de vingt et un ans.

En 1849, le second étage de ce bâtiment constitua la salle de réunion des membres dont le nombre allait toujours augmentant. Cette salle était pourvue de journaux.

Le 20 août de la même année, on décida que Messieurs James Nuttall, Henry Green, Abraham Greenwood, George Adcroft, James Hill et Robert Taylor composeraient un comité chargé d'ouvrir un étalage pour la vente des journaux périodiques et des livres. Les profits de ce comptoir devaient être employés à acheter des livres et des fournitures pour la société. Nous verrons au chapitre spécial de l'Education le développement considérable que prit ce germe d'institution.

A la fin de 1849, le nombre des membres avait atteint le chiffre de trois cent quatre-vingt-dix. Le capital s'élevait à 29,848 fr. 85 centimes, et les ventes hebdomadaires se montaient à 4,475 francs.

Au prix de combien de peines le principe de la coopération, si moralisateur comme discipline pour l'individu et si avantageux à l'Etat dans ses résultats, n'a-t-il point fait son chemin dans le monde !

Les gouvernants peuvent s'éviter l'anxiété toute gratuite avec laquelle ils combattent pour la suppression des idées nouvelles. L'expérience aurait dû leur démontrer qu'en tel endroit que ce soit, à peine un homme s'efforce-t-il de mettre à jour une pensée neuve, que dix hommes se lèvent pour écraser le novateur, non pas toujours avec la conviction que le plan proposé soit mauvais, mais simplement pour que l'ordre actuel des choses ne soit point troublé. La vérité elle-même serait repoussée par de tels hommes, si elle ne pouvait être admise qu'au prix de quelque trouble.

L'idée coopérative regardée par les hommes d'Etat comme une terrible forme de combinaisons politiques ; par les riches comme un plan de spoliation ; dénoncée en plein Parlement par les économistes politiques ; ayant contre elle la presse et l'église ; cette idée, opposée à celle de compétition et de concurrence, a eu beaucoup à lutter et doit lutter encore pour pénétrer dans le commerce et l'industrie.

La difficulté des débuts pendant les trois ou quatre premières années, tint aussi à ce qu'on n'avait point généralement confiance dans les plans que pouvait faire la classe ouvrière pour améliorer son sort. Des sociétés coopératives instituées autrefois dans Rochdale avait échoué ; le souvenir de leurs échecs était présent dans tous les esprits. Les gens prudents en étaient intimidés. La plupart ignorait que ces premières sociétés coopératives s'étaient perdues par le crédit. Or, les Equitables Pionniers avait soigneusement évité cette cause d'insuccès.

Malgré cela, l'opinion prévalait, non-seulement à Rochdale, mais d'un bout à l'autre du pays, que la coopération était une illusion, et que les pauvres gens adonnés à la nouvelle entreprise ne pouvaient être que de dangereux émissaires de quelque conspiration révolutionnaire et, en même temps, des espèces de fanatiques qui couraient à leur propre ruine, étant trop ignorants pour comprendre leur folie et leur danger.

Ce ne fut qu'après que le petit mais inépuisable courant de bénéfices commença à serpenter par tout chemin, dans les cabanes et dans les chaumières ; ce ne fut qu'après que la ville eût été, à plusieurs reprises, témoin de ce fait inouï de tisserands ayant de l'argent en poche, eux que jamais on n'avait connus sans dettes, que la classe ouvrière, commença à comprendre que cette idée condamnée était une idée qui rapportait de l'argent. Alors aussi, la masse de ceux qui avaient prédit le plus haut la ruine de la société, prétendirent avoir toujours deviné le succès qui l'attendait, et répétèrent que les coopérateurs agissaient en gens sages et qu'il fallait les imiter.

CHAPITRE V

Règles de la Société

Les premiers règlements de la Société imprimés en 1844 ont subi bien des modifications ; néanmoins on y retrouve le germe de toutes les règles actuelles.

— La Société est administrée par un président, un trésorier et un secrétaire élus tous les semestres. Elle comprend, en outre, trois administrateurs et cinq directeurs, plus des auditeurs.

— Tous ces fonctionnaires se réunissent chaque mardi à 8 heures du soir dans la salle du comité, au magasin de la Société, à *Toad lane*, pour les transactions et opérations sociétaires.

— Aux premiers lundis de Janvier, Avril, Juillet et Octobre ont lieu les assemblées générales des sociétaires. A ces réunions, les fonctionnaires présentent leurs rapports trimestriels, dans lesquels sont spécifiés le montant des fonds et la valeur du stock possédés par la Société.

— Les fonctionnaires ne peuvent en aucun cas, ni sous aucun prétexte, vendre ou acheter aucun article autrement que contre argent comptant. Tout fonctionnaire qui manquerait à cette règle, serait amendable à 10 schillings (12 fr. 50 c.) et regardé comme indigne d'accomplir les devoirs de sa fonction.

Le seul point qui ne fut pas austère et qui ne comporta pas de sacrifice personnel dans les règles de la Société naissante, fut l'institution d'une réunion générale annuelle, suivie d'un dîner à un schilling par tête (1 fr. 25 c.), afin de célébrer l'anniversaire de l'ouverture du magasin. En 1847, ce dîner fut remplacé par une collation.

Quantité de cas amendables sont prévus par les règlements de 1844.

— Le préjudice causé à la Société par l'absence d'un administrateur ou d'un directeur aux réunions du Comité, est fixé à 6 pences (0 fr. 60). Cela indique que la Société ne croyait encourir qu'une perte de trois francs si les cinq directeurs étaient absents. Néanmoins ces fonctionnaires prouvèrent que leurs services valaient plus que le bas prix qu'ils y avaient eux-mêmes attachés.

Chaque année la Société des Pionniers publie un almanach qui donne une peinture curieuse de ses progrès et de ses vicissitudes.

On y trouve l'exposé qui suit des règles concernant l'admission des membres, la répartition des bénéfices et les mesures d'ordre en cas de contestation.

Admission des membres

— Toute personne désireuse de devenir membre de la Société est proposée par deux répondants. Le nom, la profession, la résidence du postulant étant bien établis, celui-ci, la veille du jour où l'Assemblée générale doit prononcer sur son sort, est introduit dans la salle des réunions. Là, il atteste sa volonté de prendre cinq actions de 25 francs chacune dans le fonds social, de se conformer aux règles de la Société, et il opère un dépôt qui ne peut être inférieur à 1 fr. 25 c. Il achète, en outre, un exemplaire des statuts.

— L'Assemblée générale prononce ensuite, à la majorité, l'admission ou le rejet.

— Le droit d'entrée est rendu à tout candidat non admis.

— La personne qui a été proposée et qui n'a point fait apparition dans une période de deux mois, abandonne son droit d'entrée. Elle ne peut être admise ensuite que sur une nouvelle proposition.

— Tout membre ne paie pas moins de trois pences (0 fr. 30 c.) par semaine, ou 3 schillings et 3 pences (4 fr. 05 c.) par trimestre, jusqu'à ce qu'il possède cinq actions dans le capital social.

— Tout membre qui néglige ces paiements, pour d'autres causes que la maladie, la détresse ou le manque d'ouvrage, subit une amende de 0 fr. 30 c.

2

— Les intérêts et profits qui peuvent être dus au nouveau membre restent en caisse, jusqu'à ce que celui-ci possède cinq actions de 25 francs chacune dans le fonds social.

— Des cinq actions versées par chaque membre, deux actions constituent un capital fixe et permanent.

— Les trois autres peuvent être retirées sur l'autorisation du bureau.

— Les remboursements de sommes supérieures à cinq actions (125 francs) ont lieu, savoir : Pour une livre, 5 schillings (31 fr. 25 c.), en s'adressant au bureau. D'une livre 5 schillings à 2 livres (31 fr. 25 à 50 fr.), deux semaines après la demande. Des sommes plus fortes, après de plus longs délais. De 40 à 45 livres (1,000 à 1,125 fr.) douze mois après la demande.

— Aucun membre ne peut posséder moins de cinq actions (125 francs) dans le capital social, ni plus de deux cent quarante actions. Mais les obligations sont illimitées.

Répartition des bénéfices

La répartition des profits se fait trimestriellement, après prélèvement des frais suivants :

1° Dépenses d'administration;

2° Intérêts aux capitaux empruntés;

3° Réduction de valeur des marchandises en stock;

4° Dividendes au capital souscrit par les membres ;

5° Accroissement du capital pour l'extension des affaires ;

6° Deux et demi pour cent de ce qui reste après que les articles ci-dessus ont reçu leur part, à employer dans un but d'éducation générale.

Ce dernier point constitue un des traits caractéristiques du sérieux désir des coopérateurs de travailler à leur propre perfectionnement.

Ces 2 1/2 o/o réservés trimestriellement sur les bénéfices à répartir entre les membres, joints aux amendes pour infractions aux règles sociales, constituent le fonds spécial d'éducation, pour le développement intellectuel des membres de la Société, l'entretien et l'extension de la bibliothèque, et tous autres moyens de progrès qu'on jugerait convenables. Nous verrons ce qu'est le département de l'Education de la Société de Rochdale, au chapitre 15 de la présente histoire.

Le restant des bénéfices est divisé entre les membres du *Store*, en proportion du montant des achats respectifs de chacun pendant le trimestre.

Les Pionniers établirent de bonne heure « un fonds de réserve », lequel consiste dans l'accumulation des honoraires d'un schilling (1 fr. 25) que chaque membre paie en entrant. Outre cela, tout membre qui retire de la Société ses deux dernières actions subit une confiscation d'un franc vingt-cinq centimes par

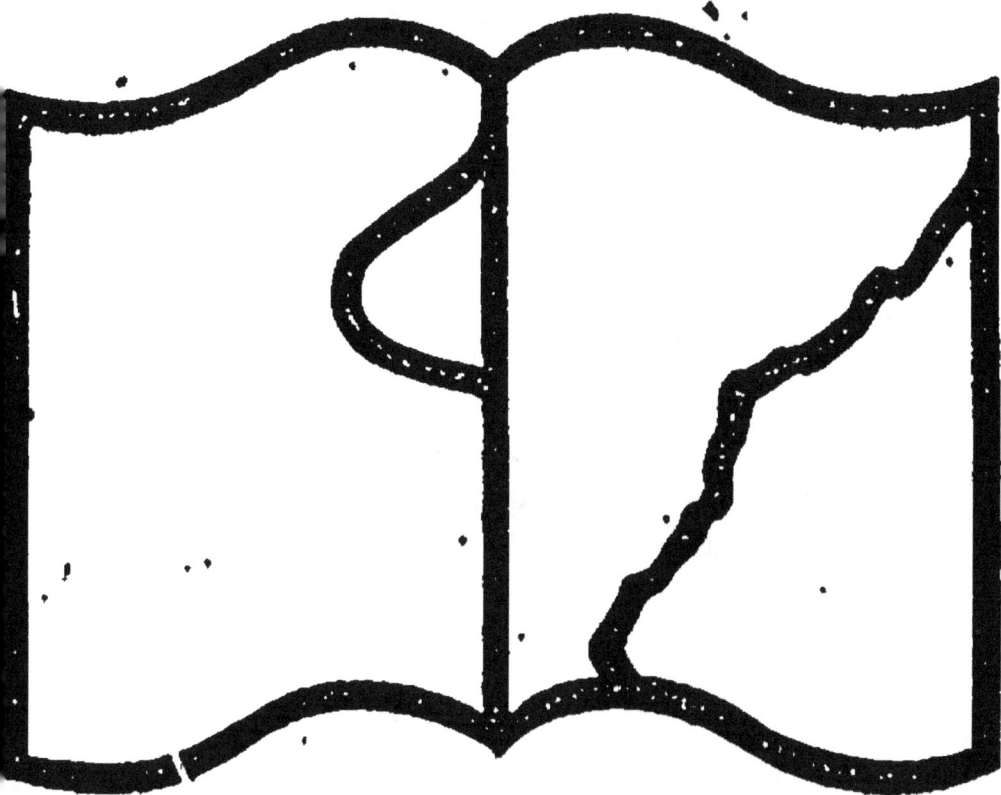

Texte détérioré — reliure défectueuse

NF Z 43-120-11

action. Le produit de ces amendes entre également dans le fonds de réserve. Enfin, les affaires faites par les individus qui ne font pas partie de la Société procurent des profits. Les dividendes qui afféreraient à ces achats vont de même au fonds de réserve. Ce fonds a surtout pour but de faire face aux dépréciations des marchandises en stock.

Dans tous les rapports financiers de la Société, large part est faite à la dépréciation des marchandises ; le stock est toujours estimé au-dessous de sa valeur réelle, de façon que si la Société tombait en faillite, chaque souscripteur recevrait néanmoins 25 schillings, c'est-à-dire 31 fr. 25, pour chaque action de 25 francs.

Mesures d'ordre

— Toutes les discussions sont réglées :

1° Par les directeurs ;

2° Par appel à l'Assemblée générale ;

3° Par arbitrage.

— Le conseil des directeurs peut suspendre la qualité de membre de n'importe quel individu dont la conduite est préjudiciable à la Société. Une assemblée générale peut expulser le perturbateur ; après quoi il est très difficile à celui-ci d'être réadmis dans la Société.

— Les plaintes et observations concernant la qualité, le prix des marchandises ou la conduite des agents de la Société, doivent être adressées, par écrit, aux directeurs qui s'accordent pour rendre une décision.

Si la question n'est pas réglée d'une façon satisfaisante, elle est reportée à une assemblée générale qui en décide souverainement.

Comme nous l'avons déjà indiqué, il y eut tout naturellement, dès l'origine, compétition entre les Pionniers et les commerçants ordinaires. Mais le « Store » n'en suivit pas moins sa route, patiemment, loyalement, ne se livrant à aucune de ces concurrences funestes à la fois aux vendeurs et aux acheteurs.

A quelque prix, par exemple, que les épiciers de la ville missent telle ou telle de leurs denrées, les Pionniers ne s'en laissaient pas émouvoir.

Leurs prudentes maximes étaient les suivantes :

« Pour notre sauvegarde nous devons vendre avec profit, c'est la première condition de notre honnêteté elle-même. Si nous vendions une denrée quelconque à perte, nous serions obligés de récupérer cela secrètement sur quelque autre. Quoi que fassent les autres commerçants, n'entrons pas dans une telle voie. Nous ne prétendons pas vendre au prix le plus bas, notre seule volonté est de commercer honnêtement. » Et les faits leur donnèrent raison.

CHAPITRE VI

Vains efforts de l'esprit de secte

En 1850, un des antiques ennemis de la paix sociale, l'esprit de secte, apparut au sein de nos coopérateurs et commença à exercer parmi eux son influence dissolvante.

Le rapide accroissement des membres avait amené dans la société un certain nombre de partisans des idées évangéliques. Or, ces nouveaux venus n'avaient point été élevés à l'école de la tolérance pratique. L'idée de laisser à leurs collègues la liberté dont eux-mêmes jouissaient leur était complètement étrangère. Bien vite ils proposèrent de fermer la salle des réunions le dimanche, et d'interdire toute polémique ou controverse religieuse.

Les hardis et libéraux coopérateurs au bon sens et au dévouement desquels on était redevable de la création de la Société, étaient complètement opposés à de telles restrictions.

Ils évaluaient la liberté morale plus qu'aucun profit personnel, et ne pouvaient s'empêcher de contempler avec terreur l'introduction dans leur Société de cette fatale cause de discorde qui a détruit tant de bonnes institutions, et souvent déjoué les plus belles perspectives de perfectionnement mutuel.

La question fut portée devant l'Assemblée générale du 4 février 1850. Nous citons les dates des

principaux évènements que nous racontons, parce
qu'elles marquent les étapes historiques parcourues
par les Pionniers. A l'assemblée générale dont nous
parlons, fut prise, en vue de la prospérité de la Société, la résolution suivante :

« Chaque membre a la pleine liberté d'exprimer
« en réunion de ses collègues, en temps opportun et
« d'une manière convenable, ses sentiments sur
« n'importe quel sujet. Tous les sujets sont légitimes
« quand ils sont convenablement proposés. »

La tautologie de cette mémorable résolution s'explique par le sentiment d'alarme dont les membres
étaient animés. Ils réitéraient les mêmes mots dans
leurs efforts pour assurer la liberté morale, si essen-
tielle à la conscience et au progrès.

Déjà en 1832, c'est-à-dire au début du mouvement
coopératif en Angleterre, le troisième congrès réuni
à Londres avait voté une résolution analogue :

« Attendu que le monde coopératif est composé
« de personnes appartenant à toutes sectes religieu-
« ses et à tous partis politiques, il est unanimement
« résolu que les coopérateurs quels qu'ils soient ne
« s'identifient à aucun principe, soit religieux, soit
« irréligieux, soit politique, pas plus ceux de
« M. Robert Owen que de tout autre individu.»

De tout temps l'esprit de secte a été l'empoison-
nement et la ruine de l'unité publique. Sans tolérance de toutes les opinions, la coopération est
impossible.

Ces orages théologiques une fois passés, la Société reprit sa marche prospère.

En avril 1851, sept ans après son ouverture, le magasin fut ouvert pour la première fois toute la journée.

M. William Cooper fut nommé surintendant et James Standring, commis de magasin.

Cette année-là les membres de la société étaient au nombre de 630, et le capital se montait à 69,625 francs. A partir de cette époque, l'accroissement des membres, du capital et des bénéfices s'est toujours opéré dans des conditions qui ont dépassé toute espérance.

CHAPITRE VII

Les Membres de l'opposition

Le miracle moral accompli par les coopérateurs de Rochdale consiste en ceci : Ils ont eu le bon sens de différer d'opinion sans se désagréger. Des dissentiments, des haines mêmes se sont élevés parmi eux, ils sont toujours restés fidèles à leur lien social.

Dans les classes ouvrières comme dans toute autre classe se rencontrent de ces êtres étranges qui semblent nés sous une mauvaise étoile. Ils emportent partout avec eux l'hostilité, la méfiance, la dissension. Peut-être ne voudraient-ils pas qu'il en fût ainsi, mais ils ne peuvent éviter que cela soit.

Leur accent est toujours dur. Leur organe vocal est ainsi fait que nul son mélodieux n'en peut sortir. Jamais ils ne témoignent de cordialité, ni de satisfaction. Les lignes agitées de leur visage dénotent la divergence de leurs opinions ; leurs lèvres semblent constamment prêtes à émettre le blâme ; et leurs sourcils froncés réclament sans cesse un mode d'action tout autre que celui dont ils sont témoins.

Ces êtres sont des espèces de porc-épics sociaux dont les dards sont constamment dressés. Les fonctions de la vie sont interverties chez eux ; toutes choses leur apparaissent sens dessus dessous. La route la plus droite leur semble courbée d'une façon désespérante.

Ils savent que tout mot a deux sens et toujours il\` prennent l'acception que vous n'aviez pas dans l'esprit. Nul document ne pouvant tout contenir, il voient invariablement ce que vous avez omis, et ignorent ce que vous affirmez.

S'ils se joignent à une Société c'est, en apparence, pour y apporter leur concours, mais en réalité pour ne rien faire que de la critique, sans essayer patiemment d'améliorer ce dont il se plaignent. Au lieu de voir les points forts de la Société afin de s'en servir pour la défense mutuelle, ils cherchent les points faibles pour les exposer à l'ennemi commun.

Ils font de leur contact avec les autres membres une cause perpétuelle de désagrément, de sorte que leur présence constitue une véritable affliction publique. Chacun a le sentiment qu'il trouverait plus de paix et plus de respect parmi ses opposants déclarés qu'auprès de tels alliés.

Les hommes d'un caractère aussi chagrin ne cessent de prédire la ruine des entreprises, et d'agir de façon à ce que cette ruine soit inévitable. Alors ils ne manquent pas de rappeler la clairvoyance dont ils ont fait preuve, et vous font sentir que vous leur devez respect et gratitude pour l'aide qu'ils vous ont prêté.

La coopération n'est pas autre chose pour eux que l'irritation organisée. Au lieu de guider l'aveugle, de venir en aide à l'estropié, de secourir le faible, d'encourager le timide, de réconforter le désespéré; ils passent leurs jours à enfoncer des dards dans les endroits sensibles, à écraser les pieds des goutteux à jeter l'estropié du haut des escaliers, à laisser les arriérés dans l'ombre, à dire aux gens craintifs qu'ils ont bien raison d'être effrayés et aux désespérés que tout est perdu.

Un certain nombre de ces faux bons-hommes se trouvent dans la plupart des sociétés ; ils sont peu nombreux mais indestructibles ; ce sont les voleurs de grands chemins du progrès ; ils alarment le voyageur, l'arrêtent et le dépouillent de ses espérances ; ce sont les traîtres de la démocratie. Seuls, des hommes sages et forts peuvent les vaincre ou les éviter.

Les coopérateurs de Rochdale comprirent à merveille cette sorte d'individus ; ils en trouvèrent dans leurs rangs, les supportèrent, travaillèrent avec eux, sans souci de leurs dires, les regardant comme des accidents de route, leur donnant à l'occasion un mot cordial et un sourire, et n'arrêtant point pour eux leur marche en avant.

A l'image de Diogène qui prouvait le mouvement en marchant, les Pionniers de Rochdale répondirent aux critiques sans fin qui prédisaient la chute, en faisant de leur œuvre un succès.

Quiconque se joint à une société populaire doit s'attendre à rencontrer des collègues comme ceux que nous venons de dépeindre. Au fond, ces hommes sont utiles à leur manière, ce sont les poids morts avec lesquels l'architecte social éprouve la force de son nouveau bâtiment. Nous avons mentionné ces individus parce que leur présence parmi les Pionniers indique que les coopérateurs de Rochdale n'ont point été placés dans des circonstances exceptionnellement favorables. Ils ont eu à subir toutes les luttes qui assaillent les œuvres humaines.

Citons à ce sujet deux exemples.

Les réunions d'associés constituent en fait des sortes de « Parlement du travail, » non sans importance maintenant, puisque certaines de ces assemblées comprennent trois fois le nombre des membres de la Chambre des communes Toutes les critiques mutuelles proverbiales en Angleterre, tous les violents murmures qu'on dit être notre trait national

caractéristique, toutes les rivalités des partis démo-
cratiques se reproduisent dans ces assemblées.

Dans le Parlement de notre magasin, le chef de
l'opposition se montrait parfois sans pitié pour le
chef de la majorité. Un jour, l'ami Ben, un membre
bien connu des coopérateurs se trouva être le chef
de l'opposition. Rien ne pouvait le satisfaire sans
que jamais il expliquât son mécontentement. Il semblait tenir chacun en si forte suspicion, que nulle
parole ne pouvait exprimer sa pensée. Il allait partout, inspectant tout, doutant de tout. Sa désappro-
bation s'exprimait par ses mouvements de tête.
C'était à croire que la direction allait sombrer devant
son sévère jugement.

Plus sage que beaucoup de critiques, Ben se re-
tenait de parler jusqu'à ce qu'il sût bien ce qu'il
voulait dire. Après deux ans de cet état de choses,
les nuages qui chargeaient son front se dissipèrent,
et Ben retrouva tout à la fois la parole et la confiance.

Il s'était aperçu que son épargne avait augmenté
malgré sa méfiance, et il ne pouvait plus tenir rigueur à une Société qui l'enrichissait.

Un autre défenseur du mouvement démocratique
fulminait avec héroïsme. Bien différent de Ben, il
assourdissait presque l'assemblée par ses déclama-
tions interminables. Il ne pouvait pas prouver, disait-il, que les choses allâssent mal, mais il n'ad-
mettait pas que tout fût correct.

Invité à assister aux réunions du bureau, et même,
— nous avons étudié soigneusement les chroniques
de la société, — élu membre du bureau, il fut mis
en demeure non-seulement de voir si les choses
étaient bien faites, mais aussi de les faire lui-même.
On avait compté sans son indignation beaucoup trop
vive pour qu'il pût accomplir son devoir.

Ce qu'il craignait par-dessus tout, c'était d'être
trompé. Durant toute la période où il fut fonctionnaire, on le vit siéger tournant le dos à ses collègues et exprimant ses opinions dans cette attitude
inconvenante et désagréable. Un plus parfait oppo-
sant peut rarement être rencontré.

A la fin, il fut obligé au contentement par la seule
violence légitime, celle du succès. Quand les dividendes arrivèrent, il se retourna pour les regarder
et son front se dérida en empochant ses profits. A
partir de ce moment, bien que jamais il ne fut
amené à dire que les choses allâssent bien, il cessa
du moins de se plaindre.

CHAPITRE VIII

Grande Panique. — La Société du moulin à farine

Vers 1850, s'installa à Rochdale une nouvelle
Société coopérative à laquelle les Equitables Pionniers offrirent un concours d'hommes et d'argent.

Cette nouvelle coopérative était dénommée :
Société du moulin à farine du district de Rochdale.

Son but était de fournir aux membres et aux chalands, de la farine pure et de première qualité, à un
prix égal à celui offert par le commerce du voisinage, et de répartir les bénéfices de ces opérations
entre les sociétaires au prorata de leurs achats, après
paiement de 5 o/o d'intérêt annuel au capital.

Les statuts de cette Société furent établis sur les
mêmes bases que ceux de la Société des Pionniers.
Ils furent principalement l'œuvre du sagace Charles
Howarth, le même qui, six ans auparavant, avait
donné les règles de la Société des Équitables.
Charles Howarth était un travailleur de fabrique,
mais aussi une sorte de pilote pour les Pionniers.

Il consacrait ses nuits à l'humble travail de la
codification. Il fut longtemps à trouver sa voie, mais
il était sûr de réussir. C'était un de ces hommes qui
se livrent à l'examen des choses jusqu'à ce qu'ils
les conçoivent clairement.

La Société des Pionniers prit, dès l'origine, 2.500
francs d'actions dans le capital de la nouvelle Société. Quelques mois après, elle doubla la somme.
Les 5.000 fr. mis ainsi dans l'affaire par les Pionniers étaient une grosse somme pour eux dont l'entreprise particulière ne datait que de six ans.

Chaque action de cinq livres (125 francs) permet-
tant d'avoir un représentant dans la Société du
moulin à farine, les Pionniers de Rochdale placèrent

leurs actions au nom d'un certain nombre d'entre eux. Cet exemple fut suivi par d'autres Sociétés.

Quand 25,000 fr. de capital social furent souscrits, la nouve'le Société commença ses opérations dans un vieil édifice pris à loyer, nommé le moulin de Holme.

Il n'y eut jamais d'établissement plus obstiné que celui-là. La farine ne voulait pas être bonne, le moulin ne voulait pas rapporter, les profits ne voulaient pas venir.

Concernant la farine, il y avait une difficulté réelle. La vente ne donnait pas de bénéfices et le produit manquait souvent de qualité et cela pour deux motifs : D'abord, le chef meunier n'avait pas d'habileté in'u'trielle; ensuite, la nouvel'e Société étant à court de capital, était obligée d'acheter le grain à qui voulait bien lui faire crédit, au lieu de l'acheter là où il était de première qualité ; ce qui avait pour conséquence de lui faire souvent payer cher un article inférieur.

Malgré ces conditions désavantageuses, lorsque la farine était bonne, il se trouvait alors que son apparence repoussait les acheteurs. Car la Société la livrait pure, sans aucun mélange, et dans ces conditions la farine n'était pas aussi blanche qu'on était accoutumé de la voir. Les clients l'appelaient « *farine jaune* ». S'ils ne savaient en reconnaître la qualité à la vue, ils ne la reconnaissaient pas davantage au goût. Jamais jusque-là ils n'avaient eu l'occasion de faire usage de pure farine, il fallut un temps assez long pour les former sous ce rapport.

En 1851, nos Equitables Pionniers commencèrent à accorder des avances au moulin et à recevoir en échange des livraisons de farine. Mais celle-ci déplaisant aux acheteurs, comme nous venons de le dire, la vente en cessa bientôt dans le « Store

C'est là un des effets de l'égoïsme **dont** on¦ retrouve la trace dans presque toutes les expériences humaines. Naturellement, c'est un sacrifice à faire que de payer plus cher que le prix courant pour un article quelconque ; mais c'est un de ces sacrifices momentanés et obligatoires auxquels tout homme désireux du progrès, en pareil cas, doit être prêt à se soumettre.

L'arrêt subit de la vente de la farine dans le magasin des Equitables Pionniers amena une crise pour la Société du moulin. A la fin du troisième trimestre de 1851, cette dernière avait perdu 450 livres (11,250 fr.).

A cette époque, quinze magasins coopératifs commerçaient avec ladite Société.

La perte souleva une armée de mécontents.

Le directeur du moulin avait mal opéré. La Société e congédia, et les administrateurs ayant en tête eur président, Abraham Greenwood, durent se rendre eux-mêmes au marché, emmenant avec eux un meunier pour juger de la qualité du grain. Ils

conduisirent ainsi les opérations, sans chef de travail.

Un meeting révolutionnaire eut lieu à la chambre
de réunion des Pionniers. Les prophètes de malheur,
avec leur éloquence habituelle, proposèrent d'abandonner les opérations. Le mieux, disaient-ils, est de
cesser de soutenir le moulin ; le « Store » en vendant
la farine dudit moulin perd ses chalands ; la Société
nouvelle périclite et ne peut être rendue prospère ;
donc, le Store ferait mieux d'acheter la farine là où il
peut l'obtenir meilleure et à plus bas prix ; enfin, ajou-
taient-ils, le Store lui-même sera bientôt entraîné à
la faillite, si l'on continue les mêmes errements.

D'autres, au contraire, disaient que certains individus pouvant réaliser une fortune dans les opérations de meunerie, les coopérateurs devaient y
réussir comme les autres. Puis, énumérant les différentes causes de perte déjà citées, ils ajoutaient que
les difficultés venaient également du manque de sou-
tien de la part des coopérateurs et des magasins en
général.

M. James Smithies soutient avec une remarquable
énergie qu'il était du devoir, de l'honneur des Pionniers et de la coopération de ne point abandonner le
moulin. « Le nom même de « Pionniers », disait-il,
devra être abandonné si les coopérateurs ne savent
pas se soutenir les uns les autres. Le moulin mis en
liquidation ne donnera pas dix schillings par livre·

C'est le moment où jamais de la part des membres de prouver leur confiance en la coopération. »

L'appel fut entendu. Quelques Pionniers apportè tout l'argent qu'ils avaient économisé.

Abraham Greenvood fut au nombre des Equitables Pionniers de Rochdale qui se signalèrent en cette occasion par leur infatigable dévouement à la cause.

Cependant la rumeur publique avait suscité les craintes les plus vives chez les travailleurs dont les épargnes étaient accumulées au magasin des Equitables Pionniers. Et ils étaient en grand nombre. Car deux ans auparavant, la caisse d'épargne de Rochdale avait fait banqueroute, et les petits capitalistes, sévèrement éprouvés dans cette débâcle financière, accordaient, depuis cette époque, toute leur confiance aux entreprises coopératives qui leur payaient du reste de plus hauts intérêts.

Donc, au temps dont nous parlons, les actionnaires du magasin, soulevés et égarés surtout par les clameurs des ennemis de la coopération, tremblaient pour leurs économies.

Les humbles directeurs du magasin de Toad Lane ne firent aucune proclamation, mais ordonnèrent simplement au trésorier de se tenir à la caisse, et de rembourser argent comptant tout demandeur.

Le premier qui se présenta avait un placement de 24 livres (600 fr.) dans le magasin, le tout provenant de dividendes accumulés. Il éprouvait quelque affection pour les Pionniers qu'il considérait comme ses bienfaiteurs, aussi ne demanda-t-il à retirer que seize livres?

Est-ce que vous êtes sur le point d'entreprendre quelque commerce? demanda le caissier.

Non! répondit l'homme, mais j'ai besoin de mon argent.

— Vous savez qu'il est de règle de nous prévenir à l'avance?

— Aussi, c'est pour vous donner avis que je suis venu.

— Ah! très bien, dit le caissier. Cette manière de faire nous est utile quand nous sommes à court d'argent; mais, actuellement, nous pouvons vous dispenser de cette formalité. Je vais vous rembourser ce qui vous est dû.

Parlant ainsi, le caissier remit à l'homme, en monnaie de cuivre, les seize livres que ce dernier empocha tout hésitant, et se demandant, à part lui. s'il ne faisait pas une grande folie en déplaçant ainsi ses fonds.

Après lui vint une femme demandant aussi à être remboursée. Mais à peine vit-elle qu'on était prêt à lui rendre son argent qu'elle déclara n'en avoir pas besoin. Plus avisée que le premier réclamant elle préféra laisser ses capitaux en des mains aussi sûres que de les retirer pour les enfouir dans quelque cachette, sans aucun espoir de profit.

On raconte qu'à la même époque une femme qui possédait 40 livres (1,000 fr.) dans le magasin, fut avertie par un commerçant du danger que courait ses fonds : « Eh ! » dit la femme, « si le magasin se ruine, ce sera avec ce qui lui appartient ; c'est lui qui m'a donné ce qui est inscrit sur ses livres à mon nom.»

Vers ce temps, la banque de Rochdale avec laquelle les Equitables Pionniers faisaient des affaires, leur rendit un service dont ils se sent toujours souvenu avec gratitude.

Certains commerçants réunis au comptoir de la banque causaient de la situation du magasin coopératif qu'on disait très critique. Un des banquiers intervint et fit observer que le bruit devait être sans fondement, la Société des Equitables Pionniers ayant dans la banque même 50,000 francs demeurés intacts depuis longtemps. Cette réponse rétablit la confiance, d'abord dans les quartiers les plus influents, puis de proche en proche dans toutes les parties de la ville et dans le pays.

En prenant en main la direction compromise du moulin, M. A. Greenwood dut apprendre tout à la fois l'art d'acheter le grain, celui de le moudre et celui de bien diriger un moulin. Il devait remplir ces difficiles devoirs en sus de ceux d'un tout autre genre qui lui incombaient par sa propre fonction dans une autre industrie. Tout cela prenait large part de son temps et de sa santé. Pendant quelques années il eût à souffrir sérieusement de cet état de choses. Enfin, il se rendit maître des opérations du moulin et ouvrit devant celui-ci la voie de la prospérité.

Les profits de la Société du moulin étaient, nous l'avons dit, répartis entre les membres au prorata de la somme de leurs achats, après paiement des intérêts du capital à 5 o/o l'an.

Ce ne fut qu'en 1861 que ces mots *au taux de 5 o/o par an* firent place à ceux de « *cinq livres pour cent par an* ». Les nombreux chalands qui ne comprenaient pas bien le terme 5 o/o surent à merveille ce que voulait dire 5 livres o/o. C'est toujours très-long de faire les choses simplement.

La Société du moulin pratiquait la sage mesure de réduire annuellement le coût du moulin par des réserves faites pour répondre à la dépréciation, de sorte qu'en 1860 quand même ce moulin fut vendu au prix de 150,000 fr.. il ne figurait plus aux livres que pour une somme de 96,550 fr. La Société en avait alors bâti un autre pour répondre à ses besoins.

A cette époque, le nombre des membres était de 550, y compris les représentants des magasins coopératifs et ceux des « Sociétés de secours pour la maladie et les funérailles », car ces dernières Sociétés trouvaient un grand bénéfice à placer leurs fonds dans les entreprises coopératives. Dans les banques elles ne pouvaient obtenir que 2 ou 3 o/o d'intérêt pour leurs capitaux et n'exerçaient aucun contrôle sur l'emploi de leurs fonds. Or, les membres de ces

Sociétés étaient des esprits actifs et qui n'aimaient pas les mystères en fait d'emploi d'argent.

Dans les sociétés coopératives on touchait 5 o/o du capital ; on savait où se trouvaient les fonds, à quoi ils étaient employés, et l'on avait voix à la direction de chaque société. Les garanties étaient donc satisfaisantes.

Naturellement, au début, il avait fallu lutter un peu pour persuader aux membres de ces diverses Sociétés de prévoyance qu'il était bon et sûr de placer les fonds dans la Société du moulin à farine.

Ce ne fut qu'après quatre ou cinq ans de fonctionnement du moulin qu'une de ces sociétés pour la maladie et les funérailles vota enfin le placement d'une certaine somme dans la Société du moulin à farine, et nomma trois délégués pour porter l'argent.

M. Cooper raconte que lorsque ces trois délégués furent au sein du comité du moulin, ils n'osèrent lui confier les fonds. Confus et ne sachant comment expliquer leurs impressions, ils se retirèrent la tête basse.

Revenus près des leurs, ils dirent qu'ils avaient vu des tisserands figurer au rang des membres du comité et pas un seul homme riche, de sorte qu'ils rapportaient l'argent, n'ayant pu croire que leurs fonds fussent en sûreté aux mains de ces travailleurs.

Pourtant ces trembleurs avaient été déjà volés par de notables personnages, particulièrement quand la caisse d'épargne de la ville avait sombré jetant la ruine dans des milliers de pauvres familles, et jamais des ouvriers n'avaient commis d'escroqueries à leur égard. Etait-ce donc qu'il leur semblait tout naturel de perdre leur argent, du moment où c'était au profit d'escrocs de riche apparence ?

La Société considéra la chose avec plus de sens et jugea que les tisserands étaient au moins aussi dignes de confiance que les banquiers. Elle délégua de nouveaux membres doués de plus de résolution et leur confia une somme plus forte. Le capital versé de cette façon à la Société du moulin y est resté depuis.

L'almanach des coopérateurs dit au sujet de la Société du moulin : Bien que des plus délicates dans son enfance, cette Société est devenue une des plus fortes et des plus saines 78 o/o de ses opérations sont faites avec des sociétés coopératives, et le chiffre des affaires va toujours en augmentant.

En 1880 le capital de la Société du moulin était de 2.435.350 francs. Elle faisait un chiffre d'opérations de 7.545.875 francs ; et réalisait un bénéfice de 199,725 francs.

CHAPITRE IX

Effets moraux de la coopération

Le sentiment du dévoûment au bien d'autrui, c'est-à-dire de la justice et non de l'égoïsme, doit dominer les rapports industriels, si l'on veut que ceux-ci soient convenablement ordonnés. Or, nos Pionniers étaient animés de cette pensée, sans pour cela être des rêveurs ni des sentimentalistes. C'est ce que prouve une lettre d'un des chefs du mouvement, M. Smithies : « L'amélioration du sort de nos « membres », dit-il, « est visible dans leur toilette, « dans leur contenance, dans leur liberté de parole. « Vous vous imagineriez difficilement combien les « change leur affiliation à une société coopérative. « Nombre d'amis de la cause pensent que nous « comptons beaucoup trop sur les conséquences de « ce fait : *rendre l'ouvrier capitaliste*. Mais mon « expérience de seize années passées au milieu des « travailleurs m'a conduit à cette conclusion, que pour « amener les classes laborieuses à agir avec ensem- « ble dans un but donné, il les faut relier par des « chaînes d'or qu'ils aient forgées eux-mêmes. »

En 1854, la Société avait commencé la publication d'un almanach afin de tenir le public au courant des faits de la coopération et de s'assurer le concours sympathique des amis de l'idée.

A cette époque, le mouvement des affaires était tel dans ses différents magasins, qu'aucun autre district industriel d'Angleterre ne peut fournir de spectacle analogue à celui des « stores» de Rochdale un samedi soir. Déjà la vente ne s'y élevait pas à moins de 10,500 fr. le samedi.

Outre les achats de denrées domestiques, il y avait le mouvement intellectuel ; plus de 200 volumes

étaient mis en circulation chaque samedi par le
département de la librairie.

Mais ce qui est plus remarquable encore et plus
profondément digne de l'intérêt du lecteur, c'est
l'esprit nouveau de sociabilité qui animait tous les
coopérateurs. Acheteurs ou vendeurs s'abordaient
en amis ; nulle âpreté, nulle suspicion n'apparais-
saient de part ni d'autre. « Toad lane », le samedi
soir, aussi gai à voir que les magasins les plus en
renom de Londres, était dix fois plus moral.

Ces foules d'humbles travailleurs qui jusque-là
n'avaient point connu la bonne nourriture, qui n'a-
vaient pu se procurer que des marchandises falsi-
fiées, des souliers prenant l'eau et des vêtements
hors d'état de soutenir l'usage, ces pauvres femmes
jusque là habillées de mauvaise toile, achetaient
maintenant, comme des millionnaires, la nourriture
la plus pure. Ils tissaient leurs propres étoffes,
confectionnaient leurs chaussures et leurs vêtements.
Ils réduisaient leurs blés en farine ; achetaient le
plus beau sucre, le thé le meilleur et le meilleur
café. Ils abattaient eux-mêmes leur viande de boucherie, et l'on voyait le bétail de premier choix des-
cendre les rues de Rochdale pour la consommation
des Equitables Pionniers.

Le système de la concurrence avait-il jamais
donné de tels avantages à de pauvres gens ?

Et qui supposerait que la moralité des individus
n'était pas améliorée sous de telles influences ?

Les « Teetotallers » de Rochdale reconnaissent que le *store* a fait plus que tous leurs efforts réunis pour rendre les hommes sobres.

Des pères de famille qui jamais jusque-là ne s'étaient vus sans dettes, de pauvres femmes qui, durant quarante ans, n'avaient jamais eu douze sous en poche, possédaient maintenant des épargnes suffisantes à l'érection de petits cottages, et allaient chaque semaine à leurs propres magasins faire leurs achats argent comptant. Où règne la compétition comme base du commerce, tous les prédicateurs seront impuissants à produire des effets moraux analogues à ceux-là.

Les documents officiels de la Société établissent qu'en 1857, le magasin de Toad lane comptait 1850 membres, possédait un capital de 378,551 fr. 45, faisait annuellement des ventes contre argent comptant pour 1,994,700 fr. et recueillait un profit annuel de 136,757 fr. 70 c.

Il peut être intéressant de relever ici quelques anecdotes concernant les membres de la Société. Celles que nous allons citer avec le numéro d'ordre appartenant à chaque membre, ont été relevées sur les livres même de la Société.

Nº 12 se joignit aux Equitables Pionniers en 1844. Durant plus de quarante ans, il avait été endetté envers ses fournisseurs. Ses dépenses s'élevaient de vingt-cinq à trente-cinq francs par semaine. Il avait dû parfois jusqu'à 750 fr. Depuis qu'il est membre

de la Société des Pionniers, il a payé, pour ses cotisations régulières, 72 fr. 50 c.; il a touché en dividendes 438 fr. 20 c.; et possède une épargne de
125 fr. dans le fonds social. Ainsi cet homme a été
mieux nourri et il a gagné plus de 500 fr. Si la Société
des Equitables Pionniers avait été ouverte pour lui
dès sa jeunesse, il posséderait aujourd'hui une
somme considérable.

N° 22 fit, dès le début, partie de la Société. Depuis
25 ans, il n'avait pu se faire quitte envers ses four‑
nisseurs. Sa dépense hebdomadaire était d'environ
12 fr. 50 c. et sa dette s'élevait presque constamment
à 50 ou 60 francs.

Devenu membre de la coopération, il avait, en
1853, payé 62 fr. 50 c. de cotisations à la Société ;
ses parts de dividendes s'étaient élevées à 171 fr. 75,
et il possédait une épargne de 200 fr. 30 c. dans le
capital social.

'Celui-là pense que le système du crédit l'entrete-
nait dans l'imprévoyance, et empêchait sa famille
d'être aussi économe qu'elle l'eût été, s'il eût fallu
payer comptant. En outre, depuis que le n° 22 s'est
joint à la Société, il a joui d'un lieu de réunion où
il trouve les informations et les délassements qu'il
était obligé, autrefois, d'aller chercher dans les lieux
publics et débits de boissons.

Les mêmes faits se répétèrent pour nombre de
membres.

Un des côtés de la question que nous devons également mettre en lumière, c'est celui des sacrifices intimes qui s'imposaient aux coopérateurs pour l'accomplissement de leur œuvre.

Les graves difficultés qui accompagnèrent la fondation de la Société du Moulin à farine, ont donné à M. Cooper l'occasion de relever quelques-uns de ces sacrifices de chaque jour que la réalisation des réformes sociales coûte au travailleur.

Comme on l'a vu, nombre de membres de la Société des Equitables Pionniers faisaient également partie de la Société du Moulin. Ils devaient donc se rendre d'abord aux assemblées mensuelles de chacune des Sociétés, puis aux assemblées extraordinaires, enfin deux fonctionnaires assistaient aux réunions du Comité un soir par semaine et souvent davantage.

Naturellement, c'était pour les hommes autant de pris sur les heures à consacrer à la famille. La femme devait rester seule au logis pour coucher les enfants. Elle n'avait personne à qui parler jusqu'à ce que son mari revînt de l'assemblée. Tout était silencieux, excepté le tic-tac de la pendule, la pluie battant les fenêtres, et le vent sifflant et hurlant comme s'il était entré en révolte contre les résistances à lui imposées par la nature.

A cette femme seule, les minutes semblaient des heures. Parfois il lui venait à l'esprit que son mari la négligeait, qu'il se trouvait mieux à l'Assemblée ou ailleurs qu'à son logis.

Dans une autre demeure, l'enfant se trouvait malade depuis plusieurs jours et le père, après avoir été au travail toute la journée, s'en allait maintenant à la réunion. La mère ne pouvait obtenir la tranquillité du petit enfant; elle craignait qu'il fût plus malade. A peine le père était-il de retour que la mère lui faisait part de ses craintes, et lui disait qu'il eût mieux fait de ne pas aller à la réunion, qu'en vérité s'il avait eu le moindre souci de son enfant, il n'y fût pas allé.

Le père répondait qu'il était rentré au logis aussitôt que la réunion avait été close; mais il ne pouvait persuader à sa femme qu'il avait bien fait de se rendre à cette réunion. Il émettait l'avis que l'enfant serait mieux dans quelques jours, et protestait que son fervent désir était de venir en aide à la mère dans la mesure du possible.

Ces incidents ou d'autres similaires arrivent à toutes les personnes engagées dans la voie du progrès.

Néanmoins, il n'en faut pas conclure que les femmes aient été opposées à la coopération. Comme nous l'avons dit, elles y ont toujours été aussi intéressées que les hommes et ne cessent de se montrer autant jalouses de ses succès.

Du reste, le store de Rochdale a rendu de précieux services pour la réalisation de l'indépendance civile des femmes. Celles-ci peuvent devenir membres de la Société et exercer le droit de vote. Aussi beaucoup de femmes mariées se joignirent-elles à la coopération, tandis que les maris n'en voulaient pas prendre la peine. D'autres s'unirent à la Société en vue de leur propre défense et pour empêcher leurs maris de dépenser à boire l'argent qu'elles économisaient sur leurs propres gains. Dans la Société, en effet, le mari ne peut retirer les économies inscrites au nom de la femme, à moins que celle-ci ne signe un ordre à cet effet.

Nombre de jeunes filles ont accumulé des épargnes dans la Société et se sont ainsi créé la réputation d'être d'excellentes ménagères. Les jeunes gens désireux de se faire un avenir honnête et de se procurer une bonne compagne, consultent généralement les livres de la Société pour se guider dans leur choix.

En 1855, une conférence entre coopérateurs eut lieu à Rochdale. Abraham Greenwod, président, et James Smithies, secrétaire, publièrent la déclaration de principes votée par cette Assemblée et dont voici le texte :

« I. — *La Société humaine est un corps composé « de nombreux membres dont les intérêts véritables « sont identiques.*

« II. — *Les travailleurs inspirés de sentiments « de loyauté et de droiture doivent agir en confrères, « les uns à l'égard des autres.*

« III. — *Le principe de la justice et non celui de*
« *l'égoïsme doit gouverner les échanges* »

Ces trois préceptes montrent de la façon la plus
honorable combien la moralité de la coopération est
supérieure à celle de la compétition. Où vit-on jamais
maison de commerce formuler semblables propositions et qui plus est les mettre en pratique ?

CHAPITRE X

Les fameux vingt-huit

Les vingt-huit premiers membres de la Société
des Equitables Pionniers de Rochdale ont une réputation universelle, causée par la somme de travaux
qu'ils ont accomplis et par la merveilleuse prospérité
qui a couronné leurs efforts. Nous eussions é'é heureux de donner ici la liste complète de ces valeureux
champions du progrès social, malheureusement
nous ne possédons que les vingt-six noms qui suivent :

James Smithies, Charles Howarth, William
Cooper, David Brooks, John Collier, Samuel
Ashworth, Miles Ashworth, William Mallalieu,
James Tweedale, James Daly, John Hill, John
Bent, John Holt, John Kershaw, John Scowcroft,
James Maden, James Standring, James Manock,
Joseph Smith, William Taylor, Robert Taylor,
Benjamin Reedman, James Wilkinson, John Garside,
Georges Healey, Samuel Tweedale.

En 1865, vingt et un ans après la formation de la Société, seize des vingt-huit premiers membres survivaient. Treize d'entre eux se firent photographier en un groupe, pour répondre aux désirs des amis de la coopération.

Quiconque possède la photographie lira avec intérêt les notices suivantes qui se rapportent à chacun des membres photographiés, en commençant par la gauche et par ceux assis au premier plan.

N° 1. — James Standring, tisserand de profession, partisan de Robert Owen en réforme sociale.

N° 2. — John Bent, tailleur, socialiste.

N° 3. — James Smithies, assortisseur de bois et teneur de livres, réformateur social, fut le premier secrétaire de la Société. A différentes reprises, il fut tour à tour élu secrétaire, trésorier, directeur et président. Il s'efforça toujours de propager l'esprit de la coopération, d'entretenir chez les membres le sentiment de la justice et de la fraternité. C'était un travailleur infatigable. Dans ses dernières années il fut élu membre du Conseil de sa commune; ce fut le seul des 28 qui atteignit les distinctions municipales.

Dans les jours de lutte contre la fortune hésitante au début du « store » et de la Société du moulin à farine, plus d'une fois, à une heure avancée de la nuit, après la réunion des comités, il allait réveiller quelque personne connue de lui pour avoir à la fois des fonds et de la sympathie pour la cause coopérative.

Et quand le dormeur, brusquement réveillé, avait mis la tête à la fenêtre afin de savoir ce dont il s'agissait, Smithies, criait : « Je viens chercher ton argent, mon garçon. Nous en avons besoin. »

« Volontiers », répondait l'autre.

Une fois même ce dernier tendit, en parlant, le sac qui contenait 100 livres (2,500 fr.), offrant de le laisser tomber par la fenêtre. « Non, merci, je viendrai le prendre au matin », répliqua Smithies de sa voix cordiale et joyeuse. Et il s'en retourna chez lui, heureux d'avoir évité à la Société un moment d'embarras.

En face de son entrain, personne ne pouvait désespérer, et sa constante bonne humeur rendait la fâcherie impossible. Il y avait dans sa confiance une telle force communicative qu'il soulevait la Société et lui faisait entrevoir la prospérité du sein même des difficultés les plus graves.

N° 4. — Charles Howarth, ourdisseur par état, socialiste, fut un des premiers directeurs de la Société des Equitables Pionniers. Il prit une large part à la confection des règles sociales. Ce fut lui qui proposa que les dividendes fussent répartis aux acheteurs au prorata de leurs achats. Il fut plusieurs fois élu secrétaire.

N° 5. — David Brooks, imprimeur, tenait en politique pour la charte du peuple. Il fut le premier acheteur désigné par la Société. Il était honnête et enthousiaste, n'épargnait ni son temps, ni sa peine,

ni ses ressources, pour aider aux progrès de la coopération. Son dévouement allait jusqu'à se priver
lui-même d'une part de son nécessaire.

N° 6. — Benjamin Reedman, tisserand, chartiste
en politique, homme parlant peu, mais soutenant
sérieusement la Société.

N° 7. — John Scrowcroft, colporteur, sans opinion
politique, swedenborgien en religion. Quand la con-
versation s'engageait entre les membres sur la question religieuse, John Scrowcroft, absolument sincère,
disait que plus la religion serait examinée et discutée
plus elle gagnerait d'adhérents.

N° 8. — James Manock, tisserand, chartiste en
politique, a servi la Société comme contrôleur et
directeur.

N° 9 — John Collier, mécanicien, socialiste, a été
plusieurs fois membre du comité. Il était orateur et
arrière petit-fils d'un poète connu.

N° 10. — Samuel Ashworth, tisserand, chartiste,
fut le premier désigné à la fonction de vendeur dans
le magasin.

N° 11. — William Cooper, tisserand, socialiste,
fut le premier caissier de la Société. Il fut un des
plus zélés parmi les membres et se signala entre tous
par ses efforts incessants, au moyen de la plume et
de la parole, pour unir et diriger les autres dans
l'œuvre coopérative.

Il eut le rare et grand mérite de s'en tenir toujours
aux principes, sans souci ni de ses préférences per-

sonnelles, ni de lui-même, ni de ses propres intérêts.

L'auteur de cette histoire a assisté aux funérailles de Cooper et prononcé un discours sur sa tombe. Il a, en outre, fait graver sur cette tombe l'inscription suivante :

A LA MÉMOIRE DE

WILLIAM COOPER

Mort le 31 octobre 1868, à l'âge de 46 ans.

Comme indice du courant moral qui existait à cette époque parmi les Équitables Pionniers, il est à noter que le journal « *Le Coopérateur* », en annonçant la mort de William Cooper, cite ces lignes :

Il n'y a pas de mort ; ce qui semble telle est une transition ;

Cette vie mortelle et courte
N'est que la préparation à la vie élyséenne
Dont nous appelons l'entrée : LA MORT

N° 12. — James Tweedale, chargeur, socialiste, fut un des premiers directeurs de la Société.

N° 13. — Joseph Smith, assortisseur de laines, réformateur social ; fut un des premiers auditeurs désignés par la Société.

Les trois autres initiateurs de la Société qui survivaient en 1865, et qui ne figurent pas sur la photographie, sont :

Miles Ashworth, tisserand, chartiste en politique, qui fut le premier président de la Société.

John Kershaw, magasinier de profession, swedenborgien et à moitié chartiste.

James Maden, tisserand, teetotaller, sans opinion
politique ni religieuse.

CHAPITRE XI

Halte sur la voie. — Le droit du travail à la répartition des bénéfices.

Nous l'avons dit au début de cette histoire, la carrière heureuse de la distribution coopérative date de
la mise en pratique, par les Equitables Pionniers,
du principe de l'admission des acheteurs à l'association.

Après que les années eurent prouvé la valeur de
ce principe, les Pionniers songèrent à fonder sur
des bases analogues la production coopérative qui,
jusque là, n'avait donné lieu qu'à des industries
fonctionnant au profit de capitalistes.

Reconnaissant que les bénéfices dérivent, d'une
part, de l'emploi du capital ; d'autre part, de l'habileté, du talent, de la bonne volonté et des soins du
travailleur, les Pionniers de Rochdale concevaient
la fondation d'industries qui admissent en qualité
d'associé l'ouvrier, l'homme de peine et lui donnas-
sent une part dans les bénéfices.

Le public, frappé de la justesse de ce raisonne-
ment, espérait fortement que les hommes sagaces de
Rochdale parviendraient à baser les manufactures

sur le même principe d'équité qu'ils avaient si par-
faitement mis en pratique dans la distribution.

En 1854-1855, deux filatures faisant ensemble
tourner 50,000 fuseaux furent établies d'après le
principe de l'association du travailleur aux bénéfices. Cette fondation accrut l'intérêt et le respect
qu'on portait déjà aux coopérateurs de Rochdale. On
pensait qu'ils allaient introduire dans les ateliers des
avantages analogues à ceux qu'ils avaient réalisés
pour le bien-être domestique, et que cela aurait des
conséquences importantes pour toutes les autres
villes. En Europe même, le succès de l'expérience
était attendu avec une vigilance passionnée.

Jusque là, il avait paru acquis à l'opinion publique
que l'ouvrier ne pouvait faire un bon patron. L'as-
sujettissement dans lequel est tenu le travailleur, la
vie parcimonieuse qui lui est imposée, devaient aux
yeux de bien des gens rétrécir son jugement. On
était porté à croire que, généralement, quand l'ouvrier devient patron, il dédaigne ses anciens cama-
rades, et craint de payer de trop forts salaires, considérant que c'est autant de perdu pour lui.

Oubliant ce qu'ils eussent voulu qu'on fit pour
eux quand ils étaient ouvriers eux-mêmes, ils trai-
tent, disait-on, leurs subordonnés comme ils ont été
traités par les plus mauvais patrons.

Tous ces motifs contribuaient à rendre les amis du
progrès industriel anxieux du succès des fabriques
de Rochdale, montées d'après le nouveau plan

d'association du travail aux bénéfices de la production.

Cet espoir si légitime de voir enfin appliquer la justice et l'équité dans le monde de l'industrie sembla réalisé pour un temps, puis se perdit malheureusement, malgré les vigoureux efforts des coopérateurs sincères et convaincus.

La liste de souscription pour l'installation des nouvelles fabriques avait été ouverte à toute la ville. Les actions furent prises par nombre de gens qui ne connaissaient absolument rien en coopération, par un certain nombre d'autres qui s'en souciaient peu, enfin par beaucoup d'ennemis actifs du principe. — Conséquence : le droit du travailleur à participer aux bénéfices ne put être maintenu.

Le « *London Spectator* » dans son N° du 16 avril 1864, contient cette assertion : « A Rochdale, le système d'admission des travailleurs à la participation des bénéfices a été abandonné après épreuve. »

« *Abandonné après épreuve* » suggère la pensée que le principe a été appliqué sans succès. Or, la vérité, c'est que le principe fût mis à mort avant de pouvoir être appliqué.

Nos vaillants amis les Pionniers n'ont été pour rien dans cet abandon de leur principe. Ils ont lutté contre, mais n'ont pu l'empêcher. Leur volonté, à eux, est inscrite dans l'almanach de la Société pour 1860. Il y est dit : « L'objet de la Société coopéra-« tive manufacturière de Rochdale est d'assurer, à

« chacun des membres, les bénéfices provenant de
« l'emploi de son propre capital et de son propre
« travail dans les fabriques de coton et de laine,
« et ainsi d'améliorer la condition domestique et
« sociale de tous les membres.

« Les bénéfices annuels provenant des opérations
« de la Société, après paiement des intérêts du ca-
« pital au taux de 5 livres pour cent par an, seront
« répartis entre les sociétaires, à raison d'un tant
« pour cent égal pour le capital souscrit et pour le
« travail exécuté.

« Chaque membre a un droit égal de vote et d'in-
« fluence, quel que soit le montant de ses verse-
« ments. »

En 1861, l'almanach des Pionniers répète, en termes clairs et précis, cette annonce à demi équitable
et pleine de promesse.

En 1864, les coopérateurs publient dans leur almanach ce cri instructif et désapprobateur : « *Le*
« *principal objet des fondateurs de cette Société était*
« *la répartition équitable des bénéfices provenant des*
« *fabriques de coton et de laine.* ILS CROIENT Q
« TOUS CEUX QUI ONT CONTRIBUÉ A LA CRÉA-
« TION DE LA RICHESSE DOIVENT AVOIR PART A
« LA DISTRIBUTION. *A ce principe la Société a été*
« *infidèle au grand regret de ses initiateurs.* »

C'est en 1860 que l'ennemi se leva pour la première fois. Une grande réunion eut lieu en septembre pour discuter cette question : « Oui ou non,

donnera-t-on une prime au travail ? » Sans doute les termes mêmes de la question étaient le commencement de la lutte.

A la réunion, nombre d'orateurs prétendirent que les travailleurs recevaient le prix de leur travail, et qu'on ne leur devait pas autre chose.

Le même argument avait servi, pendant des années, à combattre l'admission des acheteurs à la répartition des bénéfices dans les magasins de vente. On disait : l'acheteur a des produits pour son argent, que lui doit-on de plus ? Puisqu'il a fallu deux générations d'hommes pour discuter et résoudre cette question, de façon à reconnaître que les acheteurs contribuent à grossir les bénéfices des magasins et que, par conséquent, ils ont droit à une part de ces bénéfices; comment admettre qu'il ne faudra pas le même temps, au moins, pour résoudre le problème bien plus complexe de l'équitable répartition des bénéfices de la production, entre tous ceux qui les créent.

Au grand meeting de 1860, les vieux Pionniers luttèrent de toutes leurs forces pour le maintien du principe qui confère au travailleur la qualité d'associé. « C'est le devoir des Pionniers, » dit l'un d'eux, « de baser l'industrie sur le même principe que les « magasins de vente ; c'est leur devoir de faire que « le travail ait ce qui lui appartient. »

571 votes se prononcèrent contre l'Association du travail aux bénéfices. et 270 furent pour le maintien du principe.

Les Statuts de la Société exigeant une majorité des trois quarts pour une modification aux règles sociales, le principe du droit du travail fut maintenu.

Mais, deux ans plus tard, l'ennemi ayant consolidé ses forces revint à la charge et gagna la victoire, du moins en ce qui concerne Rochdale.

Aussitôt que ces faits furent connus, les partisans des travailleurs cessèrent d'attendre de Rochdale cette organisation modèle de l'industrie qui terminera la lutte croissante et funeste qui existe entre le capital et le travail. Donc, la coopération subit une halte sur sa voie.

Le bruit se répandit alors que l'Association du travail dans Rochdale avait failli, et si quelqu'un en doutait ou lui demandait sèchement : « Si elle « n'a pas failli, pourquoi le principe de participation « du travailleur a-t-il été abrogé ? »

'Le jour où passa la motion dont nous nous occupons, des 1,500 membres que comptait alors la Société il n'y en eût que 664 pour prendre part au vote. 502 votèrent contre le principe et 162 pour. Nous avons donc au moins cette satisfaction d'enregistrer que 502 membres seulement, sur 1,500, levèrent leurs mains contre la reconnaissance du droit des travailleurs.

Quand les anti-coopérateurs abolirent par un coup de majorité, cette règle qui pourtant ne donnait aux ouvriers que le droit *à une part* bien restreinte des bénéfices, il y eut grande réjouissance dans nombre de maisons de banque et de manufactures où les hommes, depuis des générations, travaillaient comme des chevaux et mouraient comme des chiens.

Le capitaliste était content parce qu'il avait la vue aussi courte et qu'il était aussi injuste que les actionnaires rétrogrades de Rochdale. Il ne comprenait pas que ce déni de justice envers le travailleur était fatal à la société toute entière; qu'il enlevait la sécurité et perpétuait des conflits lesquels peuvent devenir d'un jour à l'autre des plus dangereux pour la paix publique et l'ordre social.

Les principaux chefs du mouvement contre la participation des travailleurs appartenaient à la classe des régisseurs, des surveillants, des petits trafiquants, et autres gens analogues.

L'argument favori contre le principe du droit des travailleurs à la répartition des bénéfices fut de déclarer que c'était là une « *théorie socialiste.* »

Eh ! certainement c'était une « théorie socialiste, » mais tous les magasins coopératifs sont fondés sur la même « théorie », quand ils donnent des profits aux acheteurs aussi bien qu'aux capitalistes.

La société coopérative manufacturière de Rochdale n'en garda pas moins ce titre de *coopérative*, bien qu'elle eût abandonné le principe qui motivait cette qualification.

Coopération signifie reconnaissance des droits de l'ouvrier non indirectement, non dans une mesure, `infinitésimale , impalpable , hypothétique et abstraite, mais directement, simplement, personnellement, absolument et d'une façon permanente, à la possession de tous les fruits de son travail.

La coopération réalisera certainement un jour, si ce n'est à Rochdale du moins ailleurs, l'admission du travail aux bénéfices de l'industrie.

Les trades-unionistes pourraient donner l'exemple de la mise en action de ce principe. Ils le feront dès qu'ils auront des conseillers assez sages, assez perspicaces, pour s'élever au-dessus de la question des grèves.

La coopération a pris de nos jours, aux yeux des hommes d'État, toute l'importance d'un intérêt politique, en raison des troubles populaires qui s'élèveront avant peu, si les intérêts des classes laborieuses ne sont reliés aux opérations croissantes du Capital.

Mais il ne faut pas s'y tromper, nombre d'établissements en Angleterre comme partout, prennent aujourd'hui le nom de coopératifs sans le mériter en aucune façon.

La Société de Rochdale a bien gardé quelque chose de l'esprit des anciens Pionniers. Néanmoins, le vaillant enthousiasme d'autrefois n'anime plus les coopérateurs de la nouvelle génération ; autrement nous eussions vu la grande question des droits du travail prendre à Rochdale la revanche qui lui est due.

CHAPITRE XII

Quatre années dangereuses.
La disette du coton.

En 1861, à l'époque où la guerre se déclara entre le nord et le sud des Etats-Unis, il fut aisé de prévoir la terrible perturbation industrielle qu'allait amener la disette du coton. Les fabriques des comtés de York et de Lancastre seraient obligées d'arrêter. Des familles par centaines de mille se trouveraient sans ouvrage et sans pain.

Bien des gens alors prédirent que la coopération sombrerait dans la tempête.

Comment de pauvres travailleurs dont les gains provenaient surtout des fabriques qui allaient chômer, pourraient-ils rester unis et soutenir leur entreprise coopérative, au milieu des graves difficultés d'une crise financière et industrielle ? C'était là un problème dont on ne voyait pas la solution.

Pour savoir ce qui se passa à cette époque (1861 à 1864) parmi les Pionniers, il est intéressant de lire les relations publiées alors par un des correspondants du « *Times* », relations datées de Rochdale même.

Le 19 décembre 1869 ce correspondant écrivait :
« Comment les classes ouvrières inoccupées font-
« elles face à la calamité qui les accable ?

« Cela n'est pas facile à établir exactement.

« Où placent-elles leurs épargnes en temps ordi-
« naire ? Cela varie selon les villes. Dans quelques-
« unes on recherche les banques d'épargnes, dans
« d'autres les Sociétés de construction où les Socié-
« tés de secours. Mais depuis quelques années il y a
« eu grand empressement à verser les fonds dans
« les Associations coopératives. A Rochdale même
« où la coopération fonctionne sur une grande
« échelle, on peut dire que presque toute la classe
« ouvrière est aujourd'hui enrôlée dans le mouve-
« ment.

« Il y a ici trois grands établissements dirigés d'a-
« près le principe coopératif : le magasin d'approvi-
« sionnements, le moulin à blé et la fabrique de
« coton. Ces trois établissements représentent en-
« semble un capital de 140,000 livres (3,500,000 fr.)

« Durant le dernier trimestre, les acheteurs tou-
« chaient un dividende de trois francs par 25 francs
« d'achats ; ce qui fait qu'au lieu d'être perpétuelle-
« ment en dettes comme autrefois envers ses four-
« nisseurs, l'ouvrier recueille lui-même ici le profit
« qui allait aux mains du boutiquier. Plus il vit con-
« fortablement, plus est grande sa part de bénéfices
« annuels.

« Une note prise sur le livre même du « Store »
« explique les avantages du système.

« Un membre, en septembre 1854, avait à son cré-
« dit 187 fr. 50 c. Durant huit années, il a acheté au
« magasin coopératif les habillements et la nourri-

« ture pour lui et sa famille. Pas une seule fois dans
« cette intervalle, il n'a déposé de fonds pour aug-
« menter son avoir. Au contraire, à différentes re-
« prises, il a fait des prélèvements qui sont montés
« ensemble à 2,250 francs. Néanmoins, à la fin du
« dernier trimestre, il avait 1,250 fr. à son crédit.

« Les dividendes qui lui revenaient sur ses achats
« durant les huit dernières années, plus les intérêts
« des fonds qui s'accumulaient ainsi dans le « Store, »
« lui avaient donc produit une somme de 3,500 fr.,
« soit plus de 400 fr. par an.

« Selon toutes probabilités, si ce chef de famille,
« pendant ce même laps de temps, avait acheté
« ailleurs ses habillements et sa nourriture, il aurait
« dépensé dix pour cent de plus et se serait trouvé à
« la fin de la période en dette d'au moins 125 fr.

« Il est tout naturel que dans ces conditions le
« nombre des coopérateurs et les affaires faites
« s'accroissent rapidement, et que les classes ouvriè-
« res cherchent partout à inaugurer des institutions
« semblables.

« Le capital s'accroît si vite dans les sociétés co-
« opératives qu'en dépit de toutes les extensions que
« prennent les sociétés, on est toujours en quête
« d'emploi pour le capital. On a construit d'abord
« un moulin à blé, lequel fonctionne depuis neuf ans
« et a fait en 1861 deux cent cinquante mille francs
« de bénéfices. Le premier capital placé dans le
« moulin était de 50,000 francs, il se monte mainte-

« nant à 750,000 francs ; le « Store » des Pionniers
« a souscrit pour 225,000 fr.

« Depuis le succès de cette industrie, les coopéra-
« teurs sont devenus entreprenants, et ils se sont
« lancés dans une expérience qui, à première vue,
« me paraît hasardeuse. Ils ont conçu l'idée d'asso-
« cier le capital et le travail, d'être à eux-mêmes
« leurs propres patrons et de se partager tous les
« fruits de leurs efforts.»

Jamais on n'avait fait un compte-rendu plus
expressif du côté pratique et économique de la coopération.

« Au début,» ajoutait le correspondant du *Times*,
« le mouvement coopératif a rencontré beaucoup
« d'opposition de la part de ceux qui croyaient y
« voir une expérience communiste ou socialiste.
« Mais les effets du système sur le caractère et la
« condition des classes ouvrières sont tellement
« remarquables, que les gens les plus égoïstes ne
« peuvent éviter de se rendre à l'évidence. Aujour-
« d'hui, les manufacturiers préfèrent les ouvriers
    coopérateurs à tous les autres. Leurs habitudes
« d'aide mutuelle, de prudence et d'ordre les pla-
« cent considérablement au-dessus des ouvriers
« ordinaires. »

« Les économies qu'ils ont réalisées les ont cer_
« tainement mis en état de supporter mieux que
« tous leurs confrères la rigueur du temps. »

Établissons maintenant par des chiffres comment ɪe Store de Rochdale a résisté à la crise industrielle qui dura quatre ans.

En 1861, au moment où la panique se fit sentir, les ventes annuelles, au comptant, s'élevaient dans le magasin à 4,400,000 francs.

Quatre ans après, en 1865, les ventes s'élevaient à 4,900,000 francs.

Le capital en 1861 étaient de 1,050,000 francs; en 1865 il était de 1,950,000 francs.

En 1861, les membres étaient au nombre de 3,900; quatre ans plus tard ils étaient 5,300. Ceci démontre que la Société coopérative apparaissait comme un lieu de sûreté pendant la tempête.

En 1862, le comité de secours de la Société des Equitables Pionniers n'avait pas encore eu besoin d'intervenir largement en faveur des familles inoccupées,

La même année, les Pionniers construisirent à Blue Pits un nouveau magasin qui coûta 17,500 fr. L'année suivante, ils construisirent un abattoir, une boucherie et des étables qui coûtèrent ensemble 25,000 fr.; puis un magasin neuf à Pinfold, lequel coûta également 25,000 fr. En 1864, ils bâtirent à Spotland Bridge un magasin qui coûta 37,500 fr., et un autre à Oldham Road dont le coût fut de 42,500 fr.

Ce n'est pas tout. Les Pionniers commencèrent des travaux particuliers dans Toad lane, en vue d'ériger un grand magasin central.

Pendant les quatre années de « la famine du coton, » les Pionniers donnèrent 18,750 francs pour secourir les gens en détresse et se livrèrent à d'autres œuvres charitables. Enfin, ils consacrèrent pendant la même période 46,000 fr. à l'éducation générale des membres.

C'est en 1862 que la disette du coton se fit le plus cruellement sentir. Les deux tiers des ouvriers de Rochdale étaient presqu'entièrement sans ouvrage. La plupart des manufactures étaient fermées; le peuple devait subsister en grande partie sur ses épargnes. Cette année-là, le nombre des membres du magasin diminua de 500. Le capital de la Société subit de son côté une diminution de 112,500 francs. Néanmoins, les profits s'élevèrent encore à 425,000 francs.

Donc, non seulement la coopération a fait face à une tempête où l'on croyait la voir périr, mais encore elle a secouru les ouvriers sans ouvrage, non enrôlés dans la coopération.

Les Sociétés manufacturières coopératives ne firent aucune baisse de salaires pendant la famine du coton; le travail y était même plus actif que dans toute autre manufacture des environs.

Enfin il est intéressant de signaler que l'almanach de la Société, à cette période si douloureuse à traverser, publiait les conseils suivants :

« I. *Dépensez vos gains seulement pour les choses*
« *de stricte nécessité. Evitez tout autre frais.*

« II. *Ne touchez qu'avec parcimonie à votre épar-*
« *gne.*

« III. *Faites le meilleur usage de vos loisirs pour*
« *votre progrès intellectuel, chose en vue de laquelle*
« *sont créées nos bibliothèques et nos salles de lecture.*

« IV. *Ajoutez à l'honneur de notre mouvement,*
« *en sachant attendre avec patience le temps meil-*
« *leur qui se lèvera un jour.* » .

Et les coopérateurs attendirent. Nul agitateur politique ne put les amener à se joindre à aucun mouvement, pour obliger le pouvoir à intervenir en faveur du sud dans la guerre d'Amérique, afin de procurer des cotons aux comtés d'York et de Lancastre.

Une manifestation politique d'une semaine eût suffi alors pour faire pencher la balance au détriment de l'esclave. Le puissant et généreux silence gardé, en cette occasion, par les ouvriers anglais, rendit à juste titre la nation fière de ses travailleurs.

Le conseil que je viens de citer était adressé « aux coopérateurs de Rochdale et *à la nation.* » C'est la seule fois que les Pionniers usèrent de leur droit bien mérité de parler ainsi au monde extérieur.

CHAPITRE XIII
Vente en gros. — Succursales et magasin central

En 1853, la Société des Équitables Pionniers était divisée en six départements : Épicerie, boucherie, draperie, bonneterie, chaussures, vêtements.

Chacun de ces départements avait sa comptabilité spéciale, et un rapport trimestriel donnait la situation de l'ensemble.

On résolut alors de compléter ces différents services en organisant la vente en gros. Le but était de répondre aux désirs d'une certaine classe d'acheteurs et aussi de venir en aide aux magasins coopératifs du Lancashire et du Yorkshire, qui ne disposaient pas d'un capital suffisant pour faire leurs achats dans de bonnes conditions, et qui ne pouvaient pas davantage attacher à leur service un *bon acheteur* connaissant les marchés et les affaires, sachant où et comment acheter.

Le département de la vente en gros devait garantir la pureté, la qualité, le prix modéré, le bon poids et la mesure exacte de la marchandise. Il devait agir d'après le principe invariable de l'argent comptant.

, Ce département eut à subir bien des difficultés. Il eut été abandonné peut-être dès les débuts, s'il n'eût été placé sous la protection d'un Acte passé devant le Parlement et qu'on ne pouvait en conséquence modifier à la légère. Nous donnons ci-dessous quelques-uns des paragraphes de cet Acte intitulé : « *Loi des Pionniers.* »

I. — Les affaires de la Société sont divisées en deux départements : la vente en gros, la vente en détail.

II. — La vente en gros a pour but de fournir aux membres qui le désirent des marchandises en grande quantité.

III. — Ce département est dirigé par un Comité de huit personnes et par les trois commissaires de la Société. Ces membres se rencontrent tous les mercredis, à 7 h. 1|2 du soir. Ils ont le contrôle de l'achat et de la vente de telles marchandises que le bureau décide de prendre en stock, dans chaque branche d'affaires. Le Comité est élu aux réunions rimestrielles d'Avril et d'Octobre. Quatre des membres se retirent alternativement.

IV. — Ledit département paie 5 o/o d'intérêt par an au capital.

Sur les profits réalisés par la vente en gros, il est prélevé d'abord les frais de direction et autres, y compris l'intérêt ci-dessus fixé. Le profit restant est divisé en trois parts : une est mise en réserve pour faire face aux pertes, jusqu'à ce que le fonds de réserve atteigne la valeur du stock requis ; les deux autres tiers sont divisés entre les membres, au prorata de leurs achats dans ledit département de vente en gros.

Signé : Cockcroft.
Abraham Greenwood.
William Cooper.
James Smithies (secrétaire).

Ces règles furent régulièrement enregistrées.

M. Lloyd Jones, aujourd'hui l'un des chefs du mouvement coopératif en Angleterre, contribua beaucoup à l'organisation de la vente en gros à Rochdale.

Une des grosses questions naturellement fut celle de réunir les capitaux nécessaires à cette nouvelle et considérable entreprise.

Parmi les Sociétés coopératives du Lancashire et du Yokshire qui devaient profiter de l'établissement du département de vente en gros, quelques-unes étaient disposées à contribuer pour des parts proportionnelles, d'autres, disaient posséder à peine assez d'argent pour conduire leurs propres opérations ; un certain nombre enfin, avec une prudence très-ancienne dans le monde, demandaient à voir d'abord comment marcheraient les choses, sauf à se joindre ensuite au dit département de vente en gros s'il devenait prospère.

Ceci est une prévoyance louable peut-être dans certains cas, mais si chacun agissait de la même façon aucun progrès ne se réaliserait jamais.

Avec leur énergie habituelle les Equitables Pionniers prirent l'initiative, et comme beaucoup de gens étaient maintenant disposés à croire que tout ce qu'entreprenaient les Pionniers de Rochdale réussissait, de nouvelles recrues, à l'instar des Pionniers, engagèrent quelque argent pour organiser la vente en gros. Néanmoins la plus forte part du capital fut fournie par la Société des Equitables.

Malgré les difficultés des débuts, le département de vente en gros compta, dès les premiers trimestres, non-seulement les intérêts au capital. mais aussi des dividendes aux acheteurs.

Malheureusement au bout de quelque temps le démon de tous les mouvements sociaux, la jalousie, se fit jour au sein de cette nouvelle entreprise. Les magasins qui s'opprovisionnaient au département de vente en gros pensèrent que la Société des Equitables Pionniers les exploitait dans une certaine mesure ; tandis que, de leur côté, un grand nombre des membres de la Société des Pionniers s'imaginèrent qu'ils accordaient aux autres magasins des privilèges, au préjudice de leur intérêt propre.

Ces divisions intestines troublèrent profondément les opérations.

La vente en gros, instituée en 1853, dura jusqu'en 1858. Alors elle fut suspendue, puis définitivement abandonnée en 1859. Néanmoins la chose était si nécessaire qu'elle ne cessa de donner lieu à des études. Les éléments de la solution du problème se firent jour peu à peu à Rochdale même, comme nous allons le voir, au cours du développement des opérations coopératives.

Dès 1856 le magasin de « Toad lane » était devenu insuffisant pour répondre aux besoins du grand nombre de membres que comptait alors la Société. Quelques-uns des coopérateurs avaient agité la question d'instituer, sur différents points de la ville, des succursales plus voisines de leurs résidences que le « Store » primitif.

Des discussions s'étaient élevées quant à la partie de Rochdale dans laquelle serait fondée la première succursale. Un mémoirs couvert d'un grand nombre de signatures avait été produit par les membres du quartier de Castleton, à la réunion trimestrielle de juin 1856. La proposition avait passé d'emblée, les demandeurs eux-mêmes étant présents en grand nombre pour la soutenir et la faire aboutir par leurs votes.

Ainsi furent ouvertes successivement presque toutes les succursales. C'est là un trait notable du caractère démocratique de l'institution.

En 1859, à l'époque où l'on abandonna la vente en gros, la Société des Equitables Pionniers comptait six succursales dans la ville ; et le mouvement était tel qu'il était évident que le nombre de ces branches allait augmenter chaque année.

Ces succursales reliées entre elles par une administration unique, constituaient autant de dépendances de l'établissement principal, connu sous le nom de magasin central.

Le système des succursales a rendu de grands services aux coopérateurs ; il n'est pas douteux qu'il a été une des principales causes des progrès sûrs et rapides de la Société.

Les transactions entre les branches et le magasin central étaient des plus simplement organisées. Le

chef du magasin de chacune des branches dressait
la liste des choses manquantes, d'après une formule
convenue, et envoyait cette liste au bureau central.
Le directeur, aussitôt réception de ces demandes,
donnait des ordres aux Compagnies de canal ou de
chemin de fer, pour faire venir immédiatement les
produits requis par la branche désignée sur la
feuille de commande.

L'organisation des rapports administratifs entre
le magasin central et ses dépendances servit de base
aux raisonnements de M. Greenwood, un des remarquables membres de la Société de Rochdale, pour
attirer de nouveau, en 1863, l'attention des coopérateurs sur l'utilité et la possibilité d'établir, au profit
de tous les magasins coopératifs du nord de l'Angleterre, une vaste Société de vente en gros.

M. Greenwood est celui-là même qui était inter-
venu d'une façon si heureuse pour rendre la prospérité à la Société du moulin à farine. Il avait étudié
avec soin les efforts accomplis précédemment pour
réaliser la vente en gros et s'était rendu compte des
causes d'insuccès.

Une première tentative du même genre avait été
faite à Londres en 1850. Là aussi on avait échoué.

M. Greenwood l'expliquait en disant qu'il n'y avait
pas alors en Angleterre assez de magasins coopératifs pour faire vivre l'institution. Son opinion était
qu'il n'y en avait même pas encore assez en 1855
pour soutenir le département de vente en gros de

Rochdale ; et que cette cause ajoutée aux divisions provoquées par l'esprit de jalousie avait rendu la chute inévitable. En 1850 comme en 1855 la question de vente en gros avait été, selon lui, un pas trop avancé dans l'ordre du mouvement coopératif.

Il n'en était plus de même en 1863. On comptait alors 500 « stores » ou magasins coopératifs dans le Royaume-Uni. S'appuyant d'une part sur ces faits et de l'autre sur l'exemple précis offert par l'organisation des rapports commerciaux entre le magasin central de Rochdale et ses succursales, M. Greenwood détermina la fondation de la Société connue aujourd'hui d'une façon universelle, sous ce titre :

« *Société coopérative du nord de l'Angleterre pour la vente en gros* » ou « *la grande Association de Manchester pour la vente en gros.*»

Il peut être bon d'indiquer ici en quelques mots l'importance colossale atteinte par la Société en question.

Elle constitue actuellement une association commerciale de plus de 461,000 membres : elle compte plus de 600 magasins de vente au détail, lesquels ont souscrit 33.663 actions de 125 fr. chacune, soit 4,207,875 fr. Sur cette somme 3,651,525 fr sont libérés.

Outre son capital-action, la grande Société coopérative de vente en gros a 8.957,850 fr. de dépôts ; ce qui porte le capital employé aux affaires à 12,609,375 francs.

Elle possède en franc-fief des terres et bâtiments à Manchester, Londres, Newcastle, Liverpool, Leicester, Durham, Crupsall et en Irlande. Toutes ces propriétés avec leur matériel ont coûté 4,253,675 fr. Quoi qu'elles aient actuellement une valeur beaucoup plus considérable, elles ont été amorties dans les comptes de la Société et ne figurent plus que pour la somme de 1,036,975 fr.

Le fonds de réserve se monte à 1,031,500 fr.

La Société de vente en gros possède un navire à vapeur « *Le Pionnier* », qui emporte vers la France, par la voie de Rouen, les produits anglais et rapporte en Angleterre les produits français Un service hebdomadaire analogue est fait, en outre, par le steamer « *Cambrian* » entre Goole (Angleterre) et Calais (France).

La Société fabrique les produits qu'elle vend, ou bien elle les achète directement au producteur ou à l'importateur. La plupart des produits sont transmis aux magasins de détail avec l'unique charge du prix coûtant. Les ventes se montent à plus de 75,000,000 de francs.

La Société a une banque dont les opérations se chiffrent annuellement à plus de 300,000,000 de fr.

Elle effectue ses propres assurances concernant les stocks extérieurs et les risques de mers. Elle assure des garanties à ses propres employés.

La Société paie au capital action un intérêt fixe de 5 livres pour cent par an, pour toute rémunération ;

le profit restant, après déduction des frais d'administration et réserve pour la dépréciation des marchandises et les éventualités du commerce, est réparti entre les magasins de vente au détail, proportionnellement aux achats faits par chacun d'eux.

Moitié seulement des dividendes est allouée aux magasins acheteurs qui ne font pas partie de la fédération.

Les livres de la dite Socié é de vente en gros de Manchester contiennent la motion suivante :

« *M. Abraham Greenwood de Rochdale, doit être*
« *regardé comme le principal créateur de la Société*
« *coopérative de vente en gros, dont il a toujours*
« *été le président. Le plan qu'il a proposé, légère-*
« *ment modifié, forme la base de l'admirable orga-*
« *nisation actuelle.* »

Durant la période de formation de cette Société, il apparaît que des délégués étaient régulièrement envoyés de Rochdale pour assister aux réunions préparatoires, et qu'ils y prenaient un considérable intérêt.

Néanmoins, il se trouvait encore à Rochdale un certain nombre de coopérateurs opposés à l'idée ; c'étaient pour la plupart des membres nouveaux. Bien que leur influence n'ait pas été assez forte pour empêcher la Société de prendre des actions dans l'entreprise, ils contrecarrèrent pourtant dans une certaine mesure le développement des affaires, et cela fut d'au'ant plus remarqué qu'on attendait beaucoup d'aide de la part de Rochdale.

L'influence exercée par les Pionniers était telle à cette époque, que la Société de vente en gros comptait trouver chez ceux ci les fonctionnaires dont elle aurait besoin.

M. Samuel Ashworth, le directeur du magasin central de Rochdale, fut sollicité de prendre la direction des affaires de la Société de Manchester. Il déclara ne vouloir quitter Rochdale que si le comité de la Société de Manchester s'engageait à lui rendre sa position, dans le cas où la Société de vente en gros ne réussirait pas. Cette garantie ne lui étant pas donnée, il différa son départ, mais l'exécuta quelques mois après. Ceci se passait en 1864.

La Société des Equitables Pionniers de Rochdale, tout en fournissant des hommes et des capitaux aux œuvres coopératives qui se fondaient à côté d'elle, n'en continuait pas moins à voir ses opérations se développer chaque jour.

En 1867, son magasin central était devenu complètement insuffisant. On résolut d'élever un nouvel édifice conçu d'après les plans les mieux étudiés.

Ce bâtiment est situé à la jonction de la porte Ste-Marie et Toad Lane; il présente sur les deux rues un grand développement et domine tous les autres bâtiments de la ville.

Les caves servent de magasins de réserve pour les denrées pesantes. Viennent au-dessus les diver-

ses salles de vente et les bureaux. Aux étages se
trouvent les chambres de réunion des comités, les
salles d'attente, la bibliothèque et la salle aux journaux. Cette dernière est très confortablement meu-
blée.

Une immense salle de réunion tient toute l'étendue
le l'étage supérieur de l'édifice Cette salle est dis-
posée pour offrir des sièges à 1,400 personnes. Elle
en a souvent contenu 2,000 et plus. Des fenêtres, la
vue embrasse toute la ville.

Il a été question d'établir, au sommet de ce gran-
diose édifice, un observatoire et d'y placer de puis-
sants télescopes.

L'ouverture de ce nouveau magasin, qui eut lieu
en septembre 1867, donna lieu à une véritable
fête.

Après le banquet qui fut servi au magasin même,
les assistants se rendirent à la salle du théâtre royal
le Rochdale. Là, des discours furent prononcés.
L'assemblée était présidée par le maire, M. Ro-
binson.

M. John Bright, membre du Parlement, empêché
d'assister à la fête, envoya une lettre cordiale. Le
comte Russell, lord Stanley, MM. Goldwin Smith,
T. B. Potter, membres du Parlement. M. Jacob
Bright et autres adressèrent à la Société leurs féli-
citations.

MM. Thomas Hughes et Walter Morisson, tous
deux membres du Parlement; M. Edward Vansit-

tart Neale, M. Greening, le révérend Molesworth,
le révérend Freeston et l'auteur de ce récit, étaient
parmi les orateurs.

Vingt-trois ans auparavant, les coopérateurs
avaient commencé leur humble et douteuse carrière
à Rochdale, et ce jour-là, 28 septembre 1867, leur
ascendant public était reconnu. Ils constituaient le
plus grand corps de commerçants.

Le révérend M Molesworth dit qn'à ses yeux
cette fête était d'une importance européenne ; qu'à
travers le continent 'a coopération s'était rapidement répandue, depuis que l'opinion publique avait
accepté les principes des Equitables Pionniers. Il
ajouta que tous les vrais croyants en coopération
tournaient leurs regards vers Rochdale, comme vers
la cité saint¹ lu système.

M. John Brierley, secrétaire, lut un rapport étudié
qui terminait ainsi : « En 1855, une manufacture
« coopérative a été établie en cette ville à l'instiga-
« gation des membres du magasin de Toad Lane. Son
« principe était de diviser les bénéfices réalisés, par-
« tie au Capital, partie au Travail. Cette Société eu
« beaucoup de succès dans ses premières années,
« mais les capitalistes actionnaires pensèrent que
« les travailleurs allaient recevoir trop de profits
« et firent abolir la part réservée au travail (*cris d'in-*
« *dignation*). Nous espérons voir avant peu ce droit
« remis en vigueur (*Bravos*) et les principes de la
« coopération pleinement développés, car nous

« sommes convaincus qu'ils recèlent d'incalculables
« bienfaits pour le peuple. »

M. Hughes prit acte de ces paroles, comme d'un
engagement que des efforts seraient faits pour re-
mettre en pratique le trait caractéristique d'une
vraie manufacture coopérative, c'est-à-dire le droit
du travailleur aux bénéfices de la production.

Les coopérateurs qui, jusque là, n'avaient jamais
eu d'hôtes en aussi grand nombre, ni de pareille
distinction, ne se montrèrent pas aussi forts dans
l'organisation des fêtes que dans les opérations
commerciales ; mais les choses furent menées du
moins avec une cordialité parfaite.

Après la réunion au théâtre, la foule passa la
soirée au magasin central. Il y eut bal dans la grande
salle de réunion.

Avant de quitter l'exposé du développement com-
mercial de la Société de Rochdale, disons qu'une des
Sociétés anglaises envers qui les Pionniers se consi-
dèrent comme liés par la reconnaissance est « *La
Société pour le développement des Associations entre
travailleurs.* »

Les Pionniers déclarèrent publiquement que cette
Société avait rendu les plus grands services à la
cause de la coopération, en propageant dans le pays
les informations les plus utiles en faisant réviser au
Parlement les lois qui eussent porté atteinte au
mouvement, et voter les mesures propres à donner

liberté et sécurité à quiconque se livrait aux entreprises coopératives.

Parmi les notabilités qui se distinguèrent dans cette œuvre de conciliation et de progrès social, on cite MM. Edwart Vansittart Neale, Charles Kingsley, Furnival, Ludlow et autres.

CHAPITRE XIV

Institutions de protection mutuelle

En dehors des opérations commerciales, la Société des Equitables Pionniers a institué en faveur de ses membres diverses fondations, parmi lesquelles nous citerons la « *Société de Prévoyance en cas de maladie et de secours pour les funérailles.*» Cette Société fut fondée en 1860. Son but est indiqué par son titre même ; elle verse aux membres malades des allocations journalières et pourvoit aux obsèques.

Les Equitables Pionniers et leurs familles peuvent seuls faire partie de cette Société. Néanmoins s'ils perdent leur qualité de membres de la Société de Rochdale, ils n'en restent pas moins membres de la dite Société de Prévoyance pour la maladie et les funérailles.

Une autre institution à signaler est « la *Société de Construction.*»

Dans presque tous les pays le progrès est enfanté surtout par le malheur. La raison seule crée rarement, si jamais cela lui arrive. La Société de construction a donc subi la loi commune.

Un de ses fondateurs raconte qu'un certain gentleman, à la fois commerçant et propriétaire de cottages, avait loué quelques-uns de ses immeubles à des coopérateurs. Or, dans un moment de mauvaise humeur, ce propriétaire se dit que ses locataires recevant des dividendes sur leurs achats, lui aussi aurait part à ces dividendes, en augmentant les loyers de 30 centimes par semaine.

Une telle conduite eut pour conséquence immédiate d'éveiller chez les coopérateurs la résolution d'empêcher le retour de pareil fait. Ils constituèrent une Société ayant pour but l'acquisition du sol et l'érection de maisons pour les membres.

Les Statuts donnèrent, au Comité directeur, pouvoir de bâtir, d'acheter ou de vendre des maisons, des ateliers, des moulins, des fabriques. Le Comité put également acheter ou louer le sol sur lequel ces propriétés étaient bâties. Le fonds social fut fixé à 625,000 francs en actions de 25 francs.

Trente-six cottages furent élevés avant 1867. Le sol alors possédé par la Société en était couvert. Ces constructions furent généralement un progrès sur les demeures habituelles. Mais nous trouvons peu de renseignements sur ce point.

Le journal « *Irish Times*, » en 1868, publiait à ce propos les données qui suivent :

« Le capital est si considérable dans la Société « des Equitables Pionniers et il augmente si rapi-

« dement, que les directeurs consacrent maintenent
« 250,000 francs comme essai. à l'érection de cotta-
« ges de première classe pour artisans. Ils ont dans
« ce but acheté une propriété dans le voisinage de
« Rochdale. »

« *The Irish Times* » parlait d'après les almanachs
de la Société. Ces publications annuelles étaient
alors le seul manifeste, la seule histoire des Pionniers

CHAPITRE XV

Le Département de l'Education

NOTE DU TRADUCTEUR

*Nous arrivons à un des points les plus intéressants
de l'histoire des coopérateurs de Rochdale. Le sujet
vaut qu'on lui consacre un chapitre spécial. Aussi
devons-nous remonter au début de la Société, afin
d'y suivre le développement des mesures prises en
vue du progrès intellectuel et moral des coopérateurs
et de leurs familles.*

*Un discours prononcé par un des Pionniers,
M. Greenvood, devant une Assemblée de délégués
des sociétés coopératives, le 14 juillet 1877, nous
fournit concurremment avec le livre de M. Holyoake,
les détails qui suivent sur la naissance et les progrès
du département de l'Education chez les coopérateurs
de Rochdale.*

Les premiers Pionniers avaient l'habitude de se réunir, après la journée de travail, dans l'arrière-boutique du vieux magasin, afin de se communiquer les nouvelles de la semaine. Fréquentes et sérieuses furent les discussions tenues dans la « Boutique des vieux tisserands, » comme avaient dit les Doffers, concernant l'amélioration du bien-être humain, les plans de rédemption sociale et l'anéantissement des conditions iniques dans lesquelles le travailleur est placé.

Ce fut en 1849 que la Société des Pionniers organisa le premier noyau de ce qu'on appelle aujourd'hui le département de l'Education.

Un comité de direction fut formé. Ce comité recueillait les dons de livres ou d'argent. Ces dons étaient facultatifs.

Quelques membres livrèrent généreusement des volumes d'une grande valeur. L'un d'eux disait :

« Bien que je donne mes livres, ceux-ci n'en res-« tent pas moins à mon usage, puisque je puis les « aller prendre à la bibliothèque du magasin. »

Bientôt la Société, en vue de répondre aux besoins de ses membres, vota une donation de 125 fr. pour le développement de la bibliothèque.

Cette bibliothèque était ouverte une fois par semaine, le samedi soir, de 7 à 9 heures ; entrée libre pour les membres. La salle aux journaux était ouverte moyennant une cotisation volontaire de quatre sous par mois.

Le comité trouvant insuffisant le nombre des livres, fit, le trimestre suivant, un nouvel appel aux membres. L'assemblée vota une seconde donation de 125 fr. et répéta la même chose trois mois après.

Les besoins s'éveillant toujours, le comité conçut le projet de demander 1,000 fr. à la prochaine assemblée trimestrielle. Mais il savait bien que les donations précédentes avaient soulevé certains murmures de la part de quelques ccopérateurs. Il fallait donc user de diplomatie pour désarmer l'opposition devant cette demande nouvelle et singulièrement grossie.

Le comité eut l'adresse d'amener le plus ardent des opposants à se décerner l'honneur de proposer lui-même que 1,000 fr. fussent accordés au comité d'éducation.

La bibliothèque ne cessa de croître en faveur parmi les sociétaires. En 1853, lors de la révision des règles de la Société, M. John Brierley, un très ancien membre, suggéra que 2 1/2 o/o du bénéfice net fussent annuellement consacrés à l'éducation. Cette idée fut adoptée et inscrite aux statuts.

Les intérêts afférents à ce fonds de réserve permirent de rétribuer des professeurs au grand avantage des coopérateurs et de leurs familles.

De 1850 à 1855, une école pour enfants fut ouverte. Le prix d'admission était de vingt centimes par mois. En 1855, une autre salle fut affectée à l'usage des personnes de 14 à 40 ans, dans un but d'instruction mutuelle. Cette salle pouvait contenir 20 à 30 personnes.

En 1858, la bibliothèque contenait 1,400 volumes, et le comité annonçait aux membres que la salle aux journaux serait maintenant ouverte gratuitement à tous les Équitables Pionniers.

En 1858, le nombre des livres s'élève à 2,000, et le temps consacré au prêt des volumes est augmenté. La bibliothèque est ouverte le mercredi soir aux mêmes heures que le samedi. En 1859, les livres s'élèvent à 2,200. En 1860, à 3,000.

En 1862, l'almanach de la Société, imprimé or sur fond bleu, consacre un long chapitre au département de l'éducation. Il relate que la bibliothèque compte maintenant 5,000 volumes, dont la plupart de grande valeur; que la salle de lecture contient 14 journaux quotidiens et 32 hebdomadaires, mensuels ou trimestriels. Ces journaux représentaient toutes les opinions politiques et religieuses. Les coopérateurs s'étaient sagement mis en garde contre la possibilité d'être accusés d'étroitesse d'esprit. Ils n'imitaient pas ces gens timides qui sont effrayés de voir les choses sous leurs divers aspects, qui répugnent toute leur vie à la vérité, ne la regardent jamais en face, de sorte que lorsqu'ils la rencontrent toute droite sur leur chemin, ils ne la reconnaissent pas.

Les lorgnettes, les atlas, les stéréoscopes sont mis à l'usage des sociétaires, et, pour une faible somme, ils ont le droit d'emporter ces instruments à domicile, ainsi que les microscopes et les télescopes.

, Vers cette époque, 1862, le temps consacré dans la soirée à changer les livres des membres était de nouveau devenu insuffisant. Le comité dut prendre un employé spécial qui consacra tout son temps à la bibliothèque. Cet homme était relieur de profession Il eut charge d'entretenir les volumes et de veiller aux abonnements de journaux.

La bibliothèque était ouverte sept heures par jour pour les membres.

En 1864, deux nouvelles salles de lecture sont ouvertes.

En 1867, la bibliothèque comprend 6,000 volumes et dix salles de lecture dans diverses parties de la ville. En 1869, il y a 7,000 volumes et onze salles de lecture.

Le comité donne alors au catalogue de la bibliothèque de nouveaux perfectionnements.

Les ouvrages y sont classés :

I. Par l'indication des titres.

II. Par la nature des questions traitées dans les volumes.

III. Par les noms d'auteurs.

De cette façon, si vous connaissez seulement le titre d'un ouvrage, vous le trouverez à son ordre alphabétique.

Si vous désirez savoir quels ouvrages la bibliothèque contient sur telle ou telle matière, vous n'avez qu'à consulter le catalogue au titre en question.

Si vous avez une prédilection pour un auteur quelconque, le catalogue vous donne la liste des ouvrages que vous pouvez trouver sous ce nom à la bibliothèque.

Ce mode d'établir un catalogue a donné toute satisfaction.

Le catalogue imprimé, é'ait tiré à 7,000 exemplaires; il revenait à 1 fr. 45 c.; néanmoins chaque exemplaire était vendu aux membres seulement 0 fr. 80 c. Actuellement ces mêmes catalogues sont vendus 30 centimes.

En 1870, la bibliothèque comptait 9,000 volumes. En 1875, 11,000. En 1876, 12,000.

Le nombre des ouvrages mis en circulation de Juin 1876 à Juin 1877, est de 37,316.

Conjointement aux moyens d'instruction offerts par les classes, la bibliothèque, les salles de lecture et les journaux, le comité organisa des conférences sur des sujets scientifiques intéressants. Ces conférences eurent lieu dans une des salles de la ville, tant que la Société des Equitables Pionniers fut dépourvue d'une sallle propre à ces réunions.

Lorsqu'elle eut constitué sa propre salle d'assemblée, le comité d'éducation organisa, pendant les mois d'hiver de 1870 à 1873, une série de conférences ouvertes gratuitement au public. Ces conférences eurent du succès jusqu'en 1872, surtout parce qu'il n'y avait alors aucune autre Société pour en offrir de semblables.

En 1873, différents corps organisèrent de leur
côté des conférences dans les salles d'écoles. Il y eut
parfois jusqu'à six conférences données un même
soir dans la ville. Le public perdit le goût de cet
exercice.

Le comité d'éducation de la Société des Pionniers
reconnaissant que les conférences avaient cessé de
plaire, se détermina, en 1873, à nouer, au nom de
la Société, des relations avec le département des
arts et sciences, de South Kensington, à Londres.
Par l'entremise de cette institution, la Société a
profité, depuis cette époque, des dons du gouverne.
ment, en faveur de ceux des étudiants qui suivent
le nombre de cours exigés dans une session, et qui
passent avec succès leurs examens.

Les matières suivantes sont enseignées par d'ha-
biles professeurs, dans les classes de la Société des
Equitables Pionniers de Rochdale :

« Mathématiques, dessin géométrique et méca-
« nique, théorie de la mécanique, physiologie, bo-
« tanique, magnétisme et électricité, chimie inor-
« ganique, dessin linéaire et d'ornement, géométrie
« et perspective, acoustique, lumière et chaleur,
« langue française. »

Tous les enfants des coopérateurs, filles et gar-
çons, qui désirent développer leurs facultés intellec-
tuelles, peuvent profiter de ces classes.

Les allocations éducationnelles montent à environ
25,000 fr. par an.

De 1857 à 1877, c'est-à-dire dans une période de 20 ans, la dépense totale en approvisionnement de livres pour la bibliothèque a été de 65,000 francs, ce qui donne une moyenne de 5 fr. 60 cent. par volume. La Société possède des ouvrages qui coûtent depuis quelques centimes jusqu'à 500 fr. l'exemplaire.

Dans la même période, les salles aux journaux ont coûté en feuilles et revues diverses, 108,900 fr.

Si ces sommes eussent été réparties en dividendes aux membres, elles eussent à peine augmenté la part de chacun de dix centimes par action de 25 fr.

En fait d'instruments, l'institution possède trente-deux lorgnettes, trois batteries magnétiques, un très grand télescope et un petit, un microscope, deux zéotropes, quatre grandes collections de vues diverses pour microscopes, deux stéréoscopes et un cosmocope.....

La salle centrale de lecture est pourvue de vingt-sept journaux quotidiens, cinquante-cinq revues hebdomadaires, trente-trois revues mensuelles et neuf trimestrielles.

Le département de l'éducation est gouverné par un comité de onze membres élus. Ce comité est renouvelable, partie à l'assemblée générale d'Avril, partie à l'assemblée générale d'Octobre, et cela de façon à ce que les membres élus restent un an en fonction.

Le comité dispose des fonds d'éducation et en a le contrôle.

Un livre d'observations est tenu à la disposition des membres dans la salle centrale de lecture.

Si quelqu'un désire recommander un ouvrage, il doit donner, outre le titre, le nom de l'auteur, celui de l'éditeur et le prix. Une colonne est ouverte aux observations que le proposant juge utiles pour faire accueillir sa demande.

Les bibliothécaires sont désignés, rétribués et contrôlés par le comité d'éducation.

Ce comité a ses réunions spéciales trimestrielles. Les procès-verbaux en sont tenus avec soin.

Un sous-comité passe annuellement en revue tous les livres de la bibliothèque, et présente à ce sujet un rapport au comité.

Nous devons observer que c'est la sage mesure de consacrer 2 1/2 o/o des bénéfices nets à un but d'éducation générale, qui a élevé si haut la Société de Rochdale entre toutes les Sociétés coopératives. C'est cette « *règle d'or* » qui a donné tant de valeur à l'exemple des Equitables Pionniers, qui leur a valu tant d'amis, tant de renommée. C'est elle enfin qui, en contribuant au progrès intellectuel et moral des coopérateurs, a préservé la Société elle-même de voir ses règles entamées ou détruites par des hommes ignares ou mal informés, qui n'eussent pas manqué, là comme partout, de faire leurs efforts pour détruire les points mêmes les plus remarquables de la Société de Rochdale. Car les ignorants sont toujours prêts à admettre que l'intelligence ne rapporte pas d'argent, tandis qu'en réalité sans intelligence, il n'y aurait pas de dividendes du tout, ni dans les magasins coopératifs ni ailleurs.

Dans « l'histoire de la coopération à Halifax, » il est constaté que les hommes intelligents ont fait défaut à la Société de Brighouse. M. William Cooper, un des fameux vingt-huit, émet à ce sujet l'avis suivant qui nous paraît clore utilement ce chapitre.

« Si l'intelligence a manqué à Brighouse, j'en
« conclus que là, comme en beaucoup de Sociétés,
« on a commis quelque faute. Où manquent les
« salles de lecture, les bibliothèques et les moyens
« d'instruction, il faut s'attendre à ne point rencon-
« trer le travailleur intelligent. Celui-ci cherchera
« ailleurs la satisfaction de ses goûts.

« Mais il est prouvé par l'expérience que si la
« Société coopérative est assez sage, assez libérale,
« pour fournir à ses membres, salles de lecture et
« autres, elle attire à elle immanquablement ceux
« qui ont besoin de la nourriture de l'esprit.

« Les classes, les bibliothèques et les salles de
« lecture de Rochdale, Oldham, Bury et quelques
« autres Sociétés, ont réuni un nombre d'hommes
« qui ne se seraient point rassemblés pour le seul
« appât du dividende, bien que cet appât lui-même
« soit nécessairement apprécié par la plupart des
« travailleurs et de leurs familles. »

CHAPITRE XVI

Conclusions

NOTE DU TRADUCTEUR

*M. Geo ges-Jacob Holyoake a publié, outre l'his-
toire des Equitables Pionniers de Rochdale, de
nombreux ouvrages sur le mouvement coopératif.
Tout récemment il a donné le tome deuxième de
« l'Histoire de la coopération en Angleterre. » C'est
à ce dernier et remarquable ouvrage que nous em-
pruntons les réflexions par lesquelles nous termi-
nons cette histoire.*

La Société s'améliore par des milliers de voies
et de moyens. La coopération est un des agents du
progrès. Son mérite distinctif sera de mettre fin au
paupérisme. La coopération ménage des provisions
à ses membres par les « Stores, » et fournit par les
manufactures les choses de première nécessité. Elle
tend à rendre commune la propriété de la terre et
des navires ; à organiser les opérations industrielles
et commerciales, de façon à ce que le travailleur
commande lui-même son propre travail. Elle assure
l'éducation et le gouvernement personnel de ses
membres, puisque chacune des Sociétés se contrôle
et se soutient par elle-même.

Les instruments de la coopération sont le capital
et le travail. Le capital est constitué par l'épargne
ou emprunté à intérêt fixe. Cet intérêt payé, la
Société ne doit rien de plus au capital.

Le principe directeur de la coopération est de répartir équitablement les bénéfices de la production, entre tous les travailleurs qui ont concouru à produire ces bénéfices, soit par le travail de la pensée, soit par le talent, soit par l'effort manuel.

Telle est la nature du principe qui influencera l'avenir de l'industrie. La coopération est la force nouvelle qui garantira chacun des êtres humains contre le besoin, à toutes les époques et dans toutes les circonstances de la vie.

C'était déjà le but que s'étaient assigné les premiers Pionniers de Rochdale puisque, comme nous l'avons vu, ils tendaient à égaliser la répartition de la richesse, à créer l'atelier coopératif, à faire que les travailleurs devinssent leurs propres patrons, à grouper les ouvriers dans une colonie, sur un sol à eux appartenant, où ils se seraient entretenus et développés en association intelligente et prospère.

Les Pionniers ont accompli une grande part de leur tâche. Mais ceux qui se donnent des buts élevés se font un lot de modestie. Quelque grande que soit la part réalisée, cela paraît toujours petit à leurs yeux. Au contraire, ceux qui se sont assigné un but sans grandeur sont fiers de leurs moindres actes, sans avoir en réalité aucun mérite sérieux.

Cela dit, il peut être intéressant pour le lecteur de jeter les yeux sur le tableau des opérations de la Société des Equitables Pionniers depuis l'époque de la fondation, 1844, jusqu'en 1880.

Années	Membres	Capital social	Chiffre d'affaires	Bénéfices
1844	28	Fr. 700	—	—
1845	74	4 525	Fr. 17 750	Fr. 550
1846	80	6 300	28 650	2 000
1847	110	7 150	48 100	1 800
1848	149	9 925	56 900	2 925
1849	390	29 825	165 275	14 025
1850	600	57 225	329 475	22 000
1851	630	69 625	440 825	24 750
1852	680	86 775	408 800	30 150
1853	720	146 200	567 500	41 850
1854	900	179 300	834 100	44 075
1855	1 400	275 800	1 122 550	77 725
1856	1 600	323 000	1 579 925	98 025
1857	1 850	378 550	1 994 725	136 750
1858	1 950	454 000	1 867 000	157 100
1859	2 703	676 500	2 600 300	268 475
1860	3 450	942 750	3 801 575	397 650
1861	3 900	1 073 125	4 405 150	450 500
1862	3 501	961 625	3 526 850	439 100
1863	4 013	1 234 025	3 965 800	491 775
1864	4 747	1 552 625	4 373 425	567 925
1865	5 326	1 969 450	4 905 850	628 900
1866	6 240	2 499 725	6 228 050	798 275
1867	6 823	3 210 875	7 122 975	1 040 475
1868	6 731	3 080 825	7 272 500	936 475
1869	5 809	2 335 575	5 910 950	713 550
1870	5 560	2 007 275	5 575 525	630 225
1871	6 021	2 687 500	6 163 050	725 650
1872	6 444	3 322 800	6 689 425	841 000
1873	7 021	4 022 150	7 180 300	968 725
1874	7 639	4 820 350	7 472 200	1 016 975
1875	8 415	5 642 050	9 641 425	1 205 300
1876	8 892	6 350 000	7 629 750	1 266 700
1877	9 722	7 006 875	7 793 850	1 291 200
1878	10 187	7 308 600	7 466 975	1 317 350
1879	10 427	7 200 875	6 751 800	1 243 775
1880	10 613	7 314 250	7 091 375	1 213 625

Ces chiffres ne sont pas lourds et prosaïques comme il arrive trop souvent. Chacun d'eux brille d'une lumière inconnue aux analystes et qu'on n'avait encore aperçue nulle part.

Nos ancêtres l'ont vainement cherchée. Ils fouillèrent du regard avec angoisse les sombres champs de l'industrie, mais ils n'y découvrirent aucune lueur. Ce qu'ils espéraient voir apparaître, c'était le premier symptôme de l'émancipation matérielle du pauvre par le pauvre lui-même. Ce rayon désiré se leva enfin, non pâle, incertain, tremblottant, mais dans tout l'éclat d'une lumière qui se crée d'elle-même, qui s'entretient, se nourrit, se développe chaque jour et resplendit, inextinguible, indépendante.

Les colonnes de chiffres qui marquent les étapes de la Société de Rochdale sont, en réalité, comme des phares de lumière dans la nuit de l'industrie.

Voilà ce que le sens commun et le courage industriel ont réalisé. Voilà ce qui fut l'œuvre de la sollicitude généreuse de quelques hommes ; ce que le lecteur lui-même peut aujourd'hui contribuer à rendre plus triomphant encore, s'il consent à s'employer pour guider dans la même voie les travailleurs désireux de s'émanciper eux mêmes, et non encore reliés au mouvement coopératif, à l'association de toutes les forces humaines.

Ainsi se réaliseront les conditions du bien-être et du développement physique et moral de chacun des êtres humains.

FIN

Bureau du journal « *Le Devoir* » au Familistère.
Guise (Aisne)

OUVRAGES DE J.-B. GODIN

Solutions sociales, ouvrages de doctrine philosophique et sociale. (Ce livre renferme une description complète du *Familistère de Guise*). In-18, franco .... **5 f.**

Mutualité sociale et Association du capital et du travail. Ce volume contient les statuts et règlements de la Société du *Familistère de Guise*. In-8º broché, avec vue générale des établissements du *Familistère*, franco **5 f.**

— Le même, sans vue du *Familistère*..... **4 f.**

Le Gouvernement; ce qu'il a été, ce qu'il doit être, et le vrai socialisme en action, In-8º broché, avec portrait de l'auteur .... **8 f.**

La République du travail et la Réforme parlementaire, In-8º broché, avec portrait de l'auteur .... **8 f.**

Cet ouvrage contient l'exposé des trois réformes urgentes à notre époque, et des moyens pratiques de les réaliser sans troubles sociaux.

Mutualité nationale contre la misère, brochure In-8', extraite du volume : « *Le Gouvernement* » **1.50**

Les Socialistes et les droits du travail.. **0.40**

La politique du travail et la politique des privilèges.......................... **0.40**

La Souveraineté et les Droits du peuple 0.40

OUVRAGES RECOMMANDÉS
aux Coopérateurs

Histoire de l'Association agricole de Ralahine (Irlande), traduction de Mᵐᵉ GODIN née Marie MORET.................... **0.75**

La fille de son père, roman américain de Marie HOWLAND, traduction de M. M., broché **3.50**

www.ingramcontent.com/pod-product-compliance
Lightning Source LLC
Chambersburg PA
CBHW052043270326
41931CB00012B/2604